창경궁
실록으로 읽다

초판발행: 2017년 8월 18일
지은이: 최동군 • **펴낸이**: 서경원 • **디자인**: 이칠주 • **편집**: 나진연
펴낸곳: 도서출판 담디 • **등록일**: 2002년 9월 16일 • **등록번호**: 제9-00102호
주소: 01036 서울특별시 강북구 삼각산로79 2층 • **전화**: 02)900-0652 • **팩스**: 02)900-0657
이메일: damdi_book@naver.com • **홈페이지**: www.damdi.co.kr

ⓒ 2017 최동군, 도서출판 담디
지은이와 출판사의 허락 없이 책 내용 및 사진, 드로잉 등의 무단 복제와 전재를 금합니다.

정가: 13,000원

Printed in Korea
ISBN: 978-89-6801-068-2
ISBN: 978-89-6801-066-8(set)
이 도서의 국립중앙도서관 출판예정도서목록(CIP)은 서지정보유통지원시스템
홈페이지(http://seoji.nl.go.kr)와 국가자료공동목록시스템(http://www.nl.go.kr/kolisnet)
에서 이용하실 수 있습니다.(CIP제어번호: CIP2017018578)

창경궁
실록으로 읽다

담디
DAMDI

머릿말

　이 책은 「조선왕조실록」을 통해 조선궁궐을 종합적으로 이해해 보려는 일련의 기획작품 중 하나입니다. 눈에 보이는 '하드웨어' 궁궐만으로는 조선궁궐을 제대로 이해하는데 한계가 있다는 인식에서 출발하여, 눈에 보이지 않는 '소프트웨어' 궁궐을 만들고자 하였습니다. 그 재료는 518년이라는 긴 조선왕조의 기간 동안, 이 땅에 일어났던 모든 일들을 빠짐없이 기록한, 귀중한 우리의 문화재이자 재산인 「조선왕조실록」이었습니다. 이 기획의 첫 작품으로 「경복궁 실록으로 읽다」가 4개월 전에 이미 발간되었으며, 그 후속 작품으로 창덕궁과 창경궁 편도 만들어졌는데, 이 책은 그 중의 한권입니다.

　원래 어느 정도는 알고 있었지만 「창경궁 실록으로 읽다」 원고를 집필하면서 창경궁은 다른 궁궐과는 정말 다르다는 느낌이 점점 강해지는 것을 느낄 수가 있었습니다. 그 이유로는 경복궁과 창덕궁이 각각 조선전기와 조선후기를 대표하는 법궁의 지위에 있었던 반면, 창경궁은 한결같이 역사의 전면에 나서지 않은 채 이궁 내지 보조궁궐의 역할을 묵묵히 수행했기 때문입니다. 창경궁은 탄생배경부터 남다른 궁궐입니다. 왕이 아닌 대비를 위해 지어진 궁궐이며, 조선

궁궐 중 유일하게 동향을 하고 있으며, 건물의 기본배치 및 활용에서 풍수지리를 고려한 흔적이 두드러집니다.

한편 가슴아픈 역사도 많은데 예를 들어 친아버지로부터 죽임을 당한 조선의 두 세자(소현세자와 사도세자)의 흔적이 고스란히 묻어 있는 곳도 바로 이곳 창경궁입니다. 특히 사도세자를 향한 정조의 효심을 창경궁 곳곳에서 찾아보는 것도 의미있는 일입니다. 정조는 아버지가 최후를 맞은 창경궁의 바로 맞은편에 세워진 사도세자의 사당(경모궁)을 매달 찾아가기 위해 창경궁의 담장에 자신의 전용문(월근문)을 만들었고, 또한 어머니 혜경궁 홍씨의 처소(자경당)까지 사도세자의 사당을 바라볼 수 있도록 창경궁내 가장 높은 곳에 만들었으며, 심지어 자신이 임종을 맞이한 곳도 창경궁의 내전건물 중에서는 경모궁에 가장 가까운 영춘헌 이었습니다. 창경궁 자체가 정조의 애절한 사부곡을 담고 있다는 뜻이지요. 이 책을 잘 활용하시면 창경궁에 대한 다양하면서도 색다른 스토리텔링을 경험하실 수 있을 것입니다.

끝으로 이 책이 세상의 빛을 볼 수 있도록 지원해주신 담디 출판사의 서경원 사장님과 직원분들께 감사드리고, 아울러 집필활동이 잘 될 수 있도록 모든 것을 챙겨주면서 원고까지 꼼꼼히 검토해 준, 내 인생의 절반인 아내 원지연에게 고마움을 전합니다.

2017. 7. 17 새벽, 파주 운정 자택에서
저자 최동군

•• 차례

머릿말 _4

궁성과 문 _10
　창경궁 개관 - 세 분의 대비를 위한 궁궐 _11
　홍화문 - 백성에 대한 연민을 느끼게 하는 문 _27
　선인문 - 죽어서야 선인문을 나간 장희빈 _44
　월근문 - 매월 슬픔에 잠기는 문 _56
　집춘문 - 불시에 치르는 과거시험 통로 _74

치조 일원 _78
　옥천교 - 후금사신에 대한 박대가 큰 재앙을 부르다 _79
　명정문 - 특명: 조선왕실의 대를 이어라 _96
　명정전 - 청계천 준설을 시작하다 _108
　문정전 - 사도세자의 비극이 시작된 곳 _119

숭문당과 함인정 _134
숭문당 - 사도세자의 대리청정은 영조의 패착 _135
함인정 - 혜경궁 홍씨는 왜 대비가 아닐까? _143

내전 일원 _151
경춘전 - 인수대비가 서열 2위가 되기까지 _152
환경전 - 사도세자에게 한 약속을 뒤집는 영조 _163
통명전 - 계모가 먼저냐? 조강지처가 먼저냐? _174
양화당 - 삼전도의 굴욕을 기억하자 _187
영춘헌과 집복헌 - 정조는 과연 독살되었을까? _199

춘당지 일원 _207
춘당지 - 과녁을 못 맞추면 벌주를 마셔라 _208

사진 협조 _222

창경궁 전경

궁성과 문

창경궁
개관

세 분의
대비를 위한
궁궐

창경궁은 왕이 아닌 대비를 위한 궁궐이다

    창경궁은 성종때 지금의 창덕궁 낙선재 부근에 있었던 수강궁(壽康宮)이라는 조그만 옛 궁궐을 리모델링한 궁궐이다. 수강궁(壽康宮)은 세종이 상왕으로 물러나 있던 아버지 태종을 위해 지은 궁이었다. 수강궁뿐만 아니라 덕수궁(德壽宮), 수창궁(壽昌宮)처럼 궁궐 이름에 목숨 수(壽)가 들어간 곳은 모두 상왕이나 대비 등 왕실 어른들의 만수무강을 비는 뜻에서 만들어진 궁궐이다.

    모든 궁궐은 원칙적으로 왕 한 사람만을 위해서 설계된다. 궁궐 속에는 물론 세자를 위한 동궁전도 있고, 왕비를 위한 중궁전도 있고, 대비를 위한 대비전도 있다. 하지만, 궁궐 속 모든 건물을 설계할 때는 항상 왕을 중심에 두고 이 점을 고려하여 만든다. 따라서 왕의 건물을 제외한 나머지 건물들은 그야말로 보조적인 역할에 지나지 않는다. 아무튼, 겉으로 봐서 궁궐은 무조건 국왕 한 사람을 위한 건축물이다.

그런데 창경궁은 겉으로 봐서는 임금을 위해 만들어진 궁궐로 보이지만, 속에 담겨있는 내용을 자세히 들여다보면, 경복궁이나 창덕궁과는 다른 방식으로 만들어졌음을 알 수 있다. 일단 궁궐의 방향이 독특하다. 다른 궁궐들은 모두 남향을 하고 있는데 비해 창경궁은 동향이다. 뿐만 아니라 다른 궁궐들은 으뜸 전각인 정전(正殿)에

경복궁-광화문, 흥례문, 근정문을 통해 정전에 이른다.

이르기까지 총 3개의 문을 거치지만[경복궁: 광화문-흥례문-근정문 / 창덕궁: 돈화문-진선문-인정문], 창경궁만큼은 2개의 문만 거친다[창경궁: 홍화문-명정문]. 또한 경복궁과 창덕궁의 으뜸 전각인 근정전/인정전은 모두 2층짜리 건물이지만, 창경궁의 으뜸 전각인 명정전은 단층이다.

그렇다면 창경궁은 다른 궁궐들보다는 규모나 격식 면에서 약간 서열이 떨어지는 느낌인데, 왜 이렇게 만들었을까? 이런 차이점은 창경궁을 만든 주목적이 다른 궁궐들과는 전혀 달랐기 때문이다. 결론부터 말하자면 창경궁 설계시 실질적인 주인은 왕이 아니라 대비들이었고, 따라서 왕의 궁궐이 아니라, 대비의 궁궐로 만들어졌기 때문이다. 창경궁을 만든 사람은 조선 제9대 임금 성종이다. 그런 이유 때문에 현재 창경궁에는 성종대왕의 태실이 남아 있다. 보통의

창덕궁-돈화문, 진선문, 인정문을 통해 정전에 이른다.

창경궁-홍화문 명정문을 통해 정전에 이른다

창경궁 명정전-단층 건물

경우라면, 왕에게는 왕실 어른이신 대비가 한 분이거나 또는 대왕대비까지 많아야 두 분이다. 그런데 성종이 즉위할 당시 대비는 무려 세 분이었다.

성종 15년(1484) 9월 30일
창경궁을 공역한 것을 『실록』에서 상고하여 논상케 하다
…(전략)… 전교하기를,
"태조께서 도읍을 옮기고 종묘 및 경복궁을 지으시고서, …(중략)… 그러나 창경궁(昌慶宮)은 나 자신을 위한 것이 아니라 오로지 양전(兩殿. 인수대비와 인혜왕대비)을 위해 지은 것이다. 내 생각에 논상을 이 예(例)에 의거할 것이 없다고 여기는데 승정원의

경복궁 근정전-2층 건물

창덕궁 인정전-2층 건물

의견은 어떠냐?" …(후략)…

성종 16년(1485) 5월 7일
인수왕대비와 인혜왕대비가 거처를 창경궁으로 옮기다
두 대비[兩大妃]가 창경궁에 이어(移御)하니, 임금이 홍화문(弘化門) 안에서 영접하였다. 승정원에 어서(御書)를 내리기를,
"새로 창경궁을 세운 것은 본래 삼전(三殿. 정희왕후. 소혜왕후. 안순왕후)을 위한 것이다. …(후략)…

성종이 세 분의 대비를 모시게 된 사연

조금 복잡한 내용이기는 하지만, 성종이 왕위에 오르는 과정을 알아야만 창경궁 탄생의 배경을 이해할 수 있다. 유교문화권에서 왕위계승에는 원래 '적장자 계승'이라는 원칙이 있다. 첩이 아닌 본부인에게서 태어난 아들, 그중에서도 장남에게 왕위를 물려준다는 뜻이다. 그런데 적장자였던 세자가 왕위에 채 오르기도 전에, 아버지인 왕보다 먼저 죽을 경우에는 좀 상황이 복잡해진다. 조선에서는 제7대 세조로부터 제9대 성종 때까지가 그런 복잡한 상황이었다.

세조는 두 아들이 있었는데 장남이 의경세자였고, 차남이 해양대군이었다. 그런데, 세조가 살아있었을 때, 장남이었던 '의경세자'는 세조보다도 먼저 사망했다. 그리고 슬하에는 두 왕자를 남겼는데 장남인 '월산대군'과 차남인 '자을산군(자산군)'이다. 둘 다 세조에게는 손자들이다.

이때, 세조가 사망하면, 누가 왕위를 이어야 할까? 만약 의경세

자가 자식 없이 죽었다면, 당연히 세조의 차남인 해양대군에게 왕위가 넘어갈 것이다. 하지만 의경세자는 월산대군과 자을산군, 이렇게 아들을 둘씩이나 남겨두었다. 사도세자가 죽고 나서 왕위가 세손인 정조에게 넘어간 것처럼, 정상적인 경우라면 의경세자의 장남 월산대군이 왕위 계승자가 되는 것이 가장 예상 가능한 답변이며, 이른바 종법(宗法, 적장자 이외의 아들을 별자(別子)로 하여 조(祖)로 삼고, 적장자 상속으로 무한히 이어져 가도록 한 가계제도의 기본이 되는 법)의 내용이다.

그러나 왕위는 세조의 차남인 해양대군에게 넘어갔고, 이분이 조선 제8대 임금 예종이다. 그렇게 된 이유는 당시의 최대 권력을 쥐고 있었던 권신 한명회가 바로 예종의 장인이었기 때문이다. 그렇지만 예종마저도 불과 재위 15개월 만에 사망하였고, 슬하에는 나이 어린 왕자 제안대군을 남겼다. 조선에서는 왕위계승자의 나이가 어려도 수렴청정이라는 제도가 있어서 얼마든지 왕위에 오를 수가 있었다.

하지만 예종의 다음 왕위 계승에서도 적장자 계승의 원칙이 무너졌는데, 그것도 너무 황당하게 깨졌다. 왕위는 선왕 예종의 아들인 제안대군도 아니고, 그렇다고 의경세자의 장남인 월산대군도 아니었고, 의경세자의 차남인 자을산군(자산군)에게 넘어갔다. 가장 후순위의 사람이 의외로 왕위에 오른 것이다. 그 이유는 자을산군도 한명회의 사위였기 때문이고, 이 자을산군이 바로 조선 제9대 임금 성종이다. 지금까지의 이야기를 종합해 볼 때, 우리는 당시 한명회의 권력이 얼마나 대단했는지를 충분히 미루어 짐작할 수 있다.

성종 즉위년(1469) 11월 28일

예종이 돌아가시니 대비의 명에 의해 경복궁에서 즉위하다

대비가 얼마간 슬피 울고 나서 정현조와 권감에게 명령하여 여러 원상(院相)에게 두루 묻기를,

"누가 주상(主喪)할만 한 사람인가?" 하니 신숙주 등이 말을 같이하여 아뢰기를,

"이 일은 신 등이 감히 의논할 바가 아닙니다. 교지(敎旨)를 듣기 원합니다." 하였다. 대비가 말하기를,

"<u>원자(元子, 제안대군)는 바야흐로 포대기 속에 있고, 월산군(月山君)은 본디부터 질병이 있다. 자산군(者山君)은 비록 나이는 어리지마는 세조께서 매양 그의 기상과 도량을 일컬으면서 태조에게 견주기까지 하였으니,</u> 그로 하여금 주상(主喪)하게 하는 것이 어떻겠는가?"

그런데 새로 즉위한 성종에게는 자신의 친모 '인수대비(=소혜왕후, 의경세자의 부인)' 이외에도, 선왕이었던 예종의 계비 안순왕후(=인혜왕대비)가 '왕대비'로 계셨고, 할아버지 세조의 왕비 정희왕후까지 '대왕대비'로 계셨다. 대비가 무려 세 분이다. 충과 효를 강조하는 유교국가 조선에서, 왕과 왕비는 만백성에게 모든 면에서 모범을 보여야 했다. 그런데 매일 같이 왕이 직접 문안인사를 드려야 하는 대비가 창덕궁 한 궁궐 담장 안에 세 분이나 모여 계신다면 서로가 얼마나 불편했을까? 특히 왕비에게는 끔찍한 상황이었을 거다. 시어머니에다가 시할머니까지... 그것도 세 명씩이나...

또한 대비를 모실 때는 달랑 전각 하나만 드리는 것이 아니다. 항공모함이 구축함, 순양함 등과 함께 일개 선단을 이루듯이, 대비를 모시기 위한 부속건물들이 대비전 주위를 둘러싸서 하나의 건물군을 이룬다. 경복궁의 자경전이 그런 배치다. 대비가 세 분이라면 이런 건물군이 세 개가 필요하다는 뜻이다. 아무리 궁궐이 넓다고 해도 갑자기 이런 건물군을 세 개씩이나 마련하는 것은 보통일이 아니었을 것이다.

그래서 성종은 창덕궁과 붙어 있는 별도의 보조 궁궐인 창경궁을 추가로 만들어서, 왕실의 어른이신 대비들께서 불편함이 없도록 배려를 한 것이다. 또한 담 하나를 사이로 창덕궁과 창경궁을 붙여서 만든 이유도 왕이 매일 문안을 쉽게 드릴 수 있도록 한 것이다.

경복궁 자경전 일원

창경원과 창경궁은 어떤 관계가 있나?

나이가 50대 이상인 사람들에게는 '창경궁'보다 '창경원'이라는 이름이 훨씬 더 친숙할 것이다. 창경원은 일제강점기 때 일본이 훼손한 창경궁의 또다른 이름이다. 창경궁은 일제에 의해 강제로 창경원으로 격하되었다가, 1983년이 되어서야 창경궁으로 환원되었다.

순종 4년(1911) 4월 26일
박물관과 동, 식물원을 창경원으로 통칭하다
박물관, 동물원, 식물원을 지금부터 창경원(昌慶苑)으로 통칭한다. 그것은 창경궁(昌慶宮) 내에 있기 때문이다.

순종 5년(1912) 5월 2일
비원, 창경원을 특별히
돌아보는 것을 허가하는 규정을 외방에 알리다
인정전(仁政殿), 비원(祕苑), 창경원(昌慶苑)을 특별히 종람(縱覽)하는 것을 허가하는 취급 규정을 외방에 고시(告示)하였다.

창경궁이 심하게 훼손되기 시작한 것은 1907년부터다. 조선말기부터 우리나라를 식민지로 만들어서 대륙으로 진출하는 발판으로 삼으려 했던 일본은, 청일전쟁과 러일전쟁을 통해서 강력한 경쟁자였던 청나라와 러시아를 제압한 후, 더 이상의 견제세력이 없다고 판단한 뒤 1905년에 조선과 을사늑약(을사보호조약)을 강제로 체결했다.

을사늑약은 조선의 외교권을 박탈하고, 일본 천황이 파견한 통감이 조선의 외교를 총 지휘한다는 것인데, 을사년에 이루어진 이 조약을 강요하고 체결한 가장 핵심적인 인물이 바로 '이토 히로부미'였고, 이토는 초대통감으로 취임을 했다. 우리로서는 나라를 빼앗은 원흉이 바로 이토였기 때문에, 안중근 의사가 그를 저격한 것이다.

을사늑약 당시 일본은 손쉽게 조약을 체결하기 위해서 궁궐 주위 및 서울 시내의 중요한 곳마다 무장한 일본군들을 배치하여 경계를 서게 했고, 또한 쉴 새 없이 시내를 무장한 채로 시위행진을 했다. 게다가 조약 체결을 위한 회의장이 있는 궁궐 안으로까지 무장한 헌병과 경찰들이 드나들면서 공포분위기를 만들었다. 이런 분위기 속에서 고종황제는 참석하지 않은 채로 어전회의가 열렸는데, 일부의 반대가 있었지만 이완용을 대표로 하는 다섯 대신들이 적극적으로 찬성하여, 결국 조약이 체결되었다. 그래서 조약에 찬성한 다섯 대신을 '을사오적'이라고 부르게 되었고, 매국노의 대명사가 되었다.

고종황제는 이날 회의에 참석하지 않았기 때문에 을사조약이 원천적으로 무효임을 외국에 알리려고 했고, 즉시 미국에 있던 황실 고문 헐버트에게 "짐은 총칼의 위협과 강요 아래, 최근 양국 사이에 체결된 이른바 보호조약이 무효임을 선언한다. 짐은 이에 동의한 적도 없고, 금후에도 결코 아니할 것이다. 이 뜻을 미국정부에 전달하기 바란다."라고 통보를 했다. 그렇지만 이미 일본은 미국과 가쓰라-태프트 밀약을 맺어서, 미국과 일본이 각각 필리핀과 대한제국에 대한 서로의 지배를 은밀히 인정한 상태였기 때문에 고종의 노력은 허사가 되었다.

일본은 이런 식으로 영국과도 협정을 맺어 대한제국의 지배에 대한 양해를 미리 받아 놓은 상태였다. 청나라와 러시아와는 청일전쟁과 러일전쟁에서 이겨 놓았으니, 그 당시에 일본을 견제할 상대는 아무도 없었던 셈이다. 그러나 고종도 끝까지 포기하지 않았다. 1907년 네덜란드의 수도 헤이그에서는 제2회 만국평화회의가 열렸는데, 고종은 이 회의에 3명의 특사를 파견해서 국제사회에 을사보호조약의 무효를 주장하려고 했다. 하지만 이미 한국은 외교권이 박탈된 상태였고, 일본의 조직적인 방해로 인해서 회의에는 참석조차 못했다. 이 사건이 전해지자 이토 히로부미는 고종에게 특사파견의 책임을 추궁한 뒤, 강제로 퇴위시키고 순종을 등극시켰는데, 이것을 '헤이그 밀사사건'이라고 한다.

순종황제는 즉위하자마자 거처를 즉시 경운궁(덕수궁)에서 창덕궁으로 옮겨야만 했다. 이것은 고종과 순종을 떼어 놓으려는 일제의 의도가 깔린 것이었다. 원래 고종과 순종을 포함하여 전체 대한제국의 황실가족은 경운궁에 살고 있었는데, 고종이 일본의 압력에 의해 물러나고, 순종이 즉위와 동시에 창덕궁으로 거처를 옮기게 되자, 고종만 남은 경운궁은 고종이 덕(德)을 누리면서 만수무강[壽]하라는 뜻으로 덕수궁으로 불리게 되었다. 이에 덕수궁은 궁궐이름인 동시에 고종을 지칭하기도 한다.

순종 2년(1909) 1월 29일
덕수궁에 전보를 쳐서 문안하다
덕수궁(德壽宮)에 친히 전보를 쳐서 문안하고, 황태자(皇太子)에게도 친히 전보를 쳤다.

순종 2년(1909) 1월 30일
덕수궁의 칙사 박제빈을 접견하다
승녕부 부총관 박제빈을 소견(召見)하였다. 덕수궁의 칙사(勅使)
로 서울에서 내려왔기 때문이다.

순종이 창덕궁으로 거처를 옮기자, 일제는 순종을 위로한다는 명
목으로 창덕궁에 붙어 있던 창경궁의 전각을 헐어내고, 그 자리에
동물원과 식물원을 만들었다. 그러면서 이름도 창경궁에서 창경원
으로 바꾸었는데, 아무나 넘보지 못하던 지엄하신 임금의 궁궐이 일

창경원 내 운동장 모습의 사진 엽서 [국립고궁박물관]

창경궁 내 식물원(창경원 시절의 흔적)

반인에게 개방되면서, 궁궐이 갖던 왕권과 왕실의 위엄과 상징성은 그야말로 땅에 떨어지게 되었다. 그런 상태로 창경궁은 창경원이라는 이름으로 1970년대까지 서울의 대표적인 유원지로 이용되었다. 이런 이유 때문에 50대 이상인 분들에게는 창경궁보다는 창경원이 훨씬 더 익숙한 이름이 된 것이다.

홍화문

백성에 대한
연민을
느끼게 하는 문

성종 이전의 홍화문은 혜화문(동소문)이었다

　보물 제384호인 홍화문(弘化門 / 弘: 넓을 홍, 化: 될 화, 門: 문 문)은 정면 3칸 측면 2칸의 다포계 2층 우진각지붕 건물로, 1484년(성종 15)에 건립되었으나 임진왜란으로 불탄 뒤, 1616년(광해 8)에 재건되었는데, 처마 밑 공포의 쇠서[牛舌] 조각 형태가 꼿꼿하고 날카로워 조선 전기의 양식적 특징을 잘 보여주고 있다는 점이 주목된다. 특히 홍화문의 양 옆으로 궁궐의 담장이 이어져 있는데, 그 끝에는 십자각(十字閣)을 두어 옛 궐[闕, 망루]의 흔적임을 나타내 준다.

홍화문 처마 디테일

창경궁 홍화문 좌우측 궐의 흔적(아래_조선고적도보 [국립문화재연구소])

 그런데 실록에는 홍화문이 처음 만들어진 1484년(성종 15) 보다도 더 빠른 시기에 홍화문이라는 기사가 등장한다.

혜화문(동소문)

태조 5년(1396) 9월 24일

성 쌓는 일이 끝나자 인부들을 돌려보내다. 각 문의 이름

성 쌓는 역사를 마치고 정부(丁夫)들을 돌려보내었다. 봄철에

창경궁 실록으로 읽다
궁성과 문

쌓은 곳에 물이 솟아나서 무너진 곳이 있으므로, 석성(石城)으로 쌓고 간간(間間)이 토성(土城)을 쌓았다. …(중략)… 정북은 숙청문(肅淸門), 동북은 홍화문(弘化門)이니 속칭 동소문이라 하고, 정동은 흥인문(興仁門)이니 속칭 동대문이라 하고, 동남은 광희문(光熙門)이니 속칭 수구문(水口門)이라 하고, 정남은 숭례문(崇禮門)이니 속칭 남대문이라 하고, 소북은 소덕문(昭德門)이니, 속칭 서소문이라 하고, 정서는 돈의문(敦義門)이며, 서북은 창의문(彰義門)이라 하였다.

내용을 유심히 보면, 태조 5년의 홍화문은 오늘날 창경궁의 정문이 아니라 한양도성의 8대문 중 하나였다. 지금은 혜화문이라고 부르는 속칭 동소문(東小門)은 처음 만들어졌을 때 홍화문(弘化門)이라 불렸다. 그러다가 1484년(성종 15)에 새로 창건한 창경궁의 정문을 홍화문(弘化門)이라고 정함에 따라, 혼동을 피하기 위하여 1511년(중종 6) 혜화문(惠化門)으로 고쳤다.

백성들과의 접점이 되었던 홍화문

영조 25년(1749) 8월 6일
친히 임문휼민의를 짓다
임금이 친히 임문휼민의(臨門恤民儀. 홍화문에 임하여 구휼하는 의례)를 지었다. …(후략)…

영조 25년(1749) 8월 15일

홍화문에 나아가 왕세자를 거느리고 사민에게 진휼을 시행하다
임금이 홍화문(弘化門)의 누(樓)에 나아가 왕세자를 거느리고 사민(四民)에게 진휼을 시행하였다. 파리한 늙은이를 보면 부지(扶持)하여 오게 하고 전대가 없는 것을 보면 빈 섬을 나누어 주게 하였으며, 떠돌이로 걸식하는 자를 보고 말하기를,
"비록 사민(四民) 밖의 사람이라 하더라도 동일한 나의 백성이다." 하고, 창관(倉官)으로 하여금 쌀을 주게 하였다.

홍화문을 포함해 조선궁궐의 정문은 임금이 친히 나가, 온 백성들과 대면하였던 접점이기도 했다. 그래서 모든 궁궐의 정문에는 임금의 덕으로 백성을 교화시킨다는 뜻을 담은, 될 화(化)자가 가운데 들어가 있다[경복궁-광화문, 창덕궁-돈화문, 창경궁-홍화문, 경희궁-흥화문, 경운궁[=덕수궁]-인화문(대한문 이전의 정문)].

특히 영조는 그런 내용을 직접 실천에 옮겼는데, 친히 지은 임문휼민의(臨門恤民儀)는 임금이 궁궐의 정문[門]에 임하여[臨] 백성을[民] 구휼하는[恤] 의식을[儀] 담고 있고, 임문휼민의를 지은 지 9일 만에 홍화문에서 사민(四民, 사농공상(士農工商)의 백성=모든 계층의 백성)에게 쌀을 나눠 주는 행사를 했다.

정조 역시 할아버지 영조의 본을 받아, 1795년 어머니 혜경궁 홍씨의 회갑을 기념하여 홍화문 밖으로 나가 가난한 백성들에게 쌀을 나누어 주었으며, 1793년 설날 정조실록에는 홍화문에서 쌀을 나눠 주던 영조에 대한 기억을 그대로 담고 있다. 이 행사내용은 홍화문사미도(弘化門賜米圖)라는 이름의 목판인쇄물로도 남아있을뿐더러, 원

좌측 상단부터 시계방향으로 경복궁-광화문, 창덕궁-돈화문, 경희궁-흥화문, 창경궁-홍화문

행을묘정리의궤 속에도 들어가 있다.

정조 17년(1793) 1월 1일
백성 구휼을 위해 내탕고의 돈과 호초를 삼남에 내려 보내다
전교하기를,
"설날 묘궁(廟宮)에 나아가 공경히 예를 올렸으니, 이 해 이 배례(拜禮)를 올린 날에는 더욱 선대왕의 마음으로 마음을 삼아야 할 것이다. …(중략)… <u>연(輦)을 홍화문에 멈추고 호장들을 불러서 보았던 것은, 하나는 바로 그 문이 선왕이 사민(四民)에게 쌀을 내려주었던 문이어서 였고</u>, 하나는 진휼청에 내탕의 물자를 내려서 규정에 따라 두루 배분하는 일 …(후략)…

소현세자는 청나라에서 3번이나 귀국했었다

인조 22년(1644) 1월 20일

세자가 서울에 들어오다

세자가 서울에 들어왔다. 도성 안의 조사(朝士)와 유생·기로(耆老)·군민(軍民)들이 모두 나와 마중하였는데, 양철평에서부터 홍화문(弘化門)까지 길거리를 메워 앞뒤가 완전히 닿았으며, 절을 하고 눈물을 흘리는 자들도 많이 있었다.

1644년 1월 병자호란 후 청나라에 볼모로 끌려갔던 소현세자가 돌아오면서 홍화문을 통해 입궐했다. 이날 인조는 소현세자와 함께 온 청나라 장수를 창경궁 양화당(養和堂)에서 인견하였다. 그런데 소현세자는 이날의 귀국이 처음도 아니었고, 또한 영구 귀국도 아니었다. 소현세자는 총 3회에 걸쳐서 귀국하게 되는데 1, 2차는 임시귀국에 해당하며, 1차 귀국은 1640년에, 그리고 2차 귀국은 1644년에 있었다.

인조 18년(1640) 3월 7일

세자가 서울로 돌아오다

세자가 서울로 들어왔다. 원방(遠方)에 있는 파직자(罷職者)와 산관(散官) 및 조관(朝官)들이 모두 모여 들었다. 백관들은 반으로 나뉘어서 연서역에서 맞이하였고, 산관과 유생들은 홍제원에서 맞이하였다. 그 나머지 백관들은 궐하(闕下)에서 맞이하였다. 궐내에서 입직하는 관원들은 금천교에서 맞이하였다. 벽제에서부터 궐문에 이르기까지 사민들이 가득 메워 흐느꼈다. …(후략)…

인조 18년(1640) 4월 2일
세자가 청나라로 돌아가다

병자호란을 거치면서 삼전도의 굴욕을 당한 조선은 청나라에 인질로 소현세자와 봉림대군을 보내야만 했다. 그런데 인질상태의 소현세자는 나름대로 청나라 고관들과 친분을 쌓으면서 인맥을 넓혀 나갔고, 또한 그를 통해 얻은 고급정보를 몰래 조선 조정으로 알려 주기도 했다. 게다가 세자빈 강씨의 권유로 숙소 근처에 농장을 만들고, 끌려온 조선인들을 노예시장에서 구출해내서 농장에서 일하게 했으며, 여기서 얻은 곡물로 장사를 해 상당한 재물까지 모았는데, 세자의 숙소가 마치 시장과도 같았다는 평이 있을 정도였다.

인조 23년(1645) 6월 27일
소현 세자의 졸곡제를 행하다

소현 세자의 졸곡제(卒哭祭)를 행하였다. 전일 세자가 심양에 있을 때 집을 지어 단확(丹艧)을 발라서 단장하고, 또 포로로 잡혀간 조선 사람들을 모집하여 둔전(屯田)을 경작해서 곡식을 쌓아 두고는 그것으로 진기한 물품과 무역을 하느라 관소(館所)의 문이 마치 시장 같았으므로, 상이 그 사실을 듣고 불평스럽게 여겼다. …(후략)…

청나라 측에서는 인질상태의 세자를 최대한 활용하고자 했다. 그래서 그에게 외교적 현안, 특히 조선과 명나라와의 밀교 등에 대한 것을 따져 묻곤 했지만, 세자는 그때마다 대처를 잘 했다. 그러나 이런 소현세자의 행보는 역설적이게도 인조의 입장에서는 점점 반감을 갖도록 만드는 역할을 했다. 청나라 오랑캐의 발밑에서 치욕을 당해 권위가 땅바닥에 떨어진 인조로서는 자신에 비해 상대적으로 유능해 보이는 아들이 결코 반갑지 않았다. 게다가 청나라에서는 노골적으로 세자를 언급하며 인조를 압박했는데, 심지어 병자호란 때 차라리 인조 대신에 소현세자를 왕으로 세웠으면 더 나았을 것이라는 말까지 흘렸다.

인조 17년(1639) 7월 14일
청나라와 관계를 끊는 것에 대해 비국 당상과 논의하다
상이 비국 당상을 인견하였다. …(중략)… 박황이 아뢰기를,
"심양의 사정은 보안을 철저히 하여 알기가 어려웠습니다만, 신의 생각으로는, 마침내는 불측한 화가 있을 것이니, 반드시 일찌감치 대비를 해야 할 것으로 여깁니다. 신이 심양에 있을 때에 어떤 사람이 범문정(范文程. 청에 항복한 명나라 문인)의 말을 은밀히 전해 주기를 '성[남한산성]에서 나왔을 때에 아들로 바꾸어 세우지 않은 것을 후회한다.'고 하였는데, 이는 참으로 망측한 말입니다." 하였다. …(후략)…

이 정도가 되면 인조는 소현세자를 아들이 아닌, 정치적 라이벌

로까지 생각하게 되었을 것이다. 이때 조선조정에서는 병자호란의 뒷수습이 진행되면서, 자연스럽게 세자의 귀국을 청나라에 요청하자는 여론이 생겨났다. 때마침 새해를 맞아 청나라에 정조(正朝)사신이 파견되었는데, 문제는 사신이 왕의 허락도 없이 "세자가 3년이나 청에 있었고, 본국의 국왕도 병중에 있으니 문병차 고국으로 보내 달라"며 독단적인 요구를 했고, 청나라는 인평대군과 소현세자의 아들인 원손을 대신 볼모로 보내는 것을 조건으로 승낙해 버렸다. 자신의 허락 없이 독단으로 진행된 이 일로 인해 원손까지 청의 볼모가 된 것에 격분한 인조는 사신을 유배 보내 버렸다.

인조 18년(1640) 1월 18일
청나라에서 대군과 함께 원손을 보내라는 칙서가 오다
청나라 칙서가 심양으로부터 왔는데, 그 대략에,
"원래 그대 나라가 떳떳하지 못한 일을 반복하기에 두 왕자를 인질로 삼았다. …(중략)… 그런데 지금은 또 지난번의 지시를 어기고 남한산성과 평양성을 마음대로 수축하여 말 먹이와 식량을 저축하고 있는가 하면, 다른 곳의 성지(城池)들도 이와 같이 수선하고 있다. 이는 내가 응당 그대를 의심해야 할 일인데 그대가 오히려 나를 의심하니, 이것은 무슨 심사인가. …(중략)… 만약 그대의 충성심이 확인되기만 하면 세자를 돌려보낼 뿐만이 아닐 것이니, 여러 아이들이 이곳에 있거나 그곳에 있거나 간에 무슨 상관이 있겠는가. 지금은 그대로 세자를 보내어 귀성케 할 것이니, 그대는 그곳에 머무르고 있는 아들과 세자의 아들을 속히 봉황성으로 출발시켜 도착하도록 하라. 나도 곧바로 세자를 출발시켜 봉황성에서 서로 교체하게 하였다가 문병을 마치고 돌아오기를 기다려 이곳에 있는 아들도 역시 귀국하도록 할 것이니, 삼가 하늘을 배반하고 명을 어기지 말라."…(후략)…

인조 18년(1640) 윤1월 6일
청나라에 세자의 귀환을 요청했던 이경헌과 신익전을 유배보내다
정조(正朝)의 부사 이경헌과 서장관 신익전을 의금부에서 붙잡아 신문토록 하였는데, 곤장을 쳐서 남양·양주 등으로 정배하게 하였다. 이는 이경헌 등이 상(上)의 분부를 따르지 않고 세자를 돌려보내 줄 것을 청함으로써 원손(元孫)을 심양으로 들여보내는 일이 생겼으므로, 상이 이렇게 명한 것이다. 헌부와 간원이 명을 도로 거둘 것을 청하였으나 상이 따르지 않았다.

이런 상태에서 세자빈 강씨의 친정아버지인 강석기가 죽자, 청에서는 조문 등을 이유로 다시 한 번 세자일행의 임시귀국을 허락하는데, 이때도 원손, 세손 및 인평대군의 부인과 맞교환 하자는 단서를 붙였다. 그러나 이때 인조는 이미 세자에 대한 반감이 매우 커진 상태여서, 조정 중신들의 간청에도 불구하고 세자와 세자빈의 빈소참배를 허락하지 않는 비상식적인 태도를 보였다.

인조 22년(1644) 2월 9일

영의정 등이 세자빈이 부모를 찾아뵙는 것이 마땅할 것이라고 아뢰다
영의정 심열, 좌의정 김자점, 우의정 이경여가 아뢰기를,
"세자빈이 이역(異域)에서 나그네로 붙여 있다가 뜻밖에 어버이의 상을 만났으니 슬픈 마음으로 궤연(几筵)에 임하고 또 모친을 살펴보는 것이 인정이나 예의로 보아 폐할 수 없는 일인데 돌아갈 기일은 임박하고 어버이를 살펴보았다는 말은 귀에 들리지 않습니다. …(중략)… <u>세자께서 당초에 빈궁과 함께 본국으로 돌아가겠다고 청할 때, 부친은 죽고 모친은 병중에 있다는 것을 아울러 거론하여 그 이유로 내걸었는데, 이제 찾아가 곡하고 모친을 살펴보는 절차가 없으면 저쪽 청나라가 그 말을 들을 때 또한 반드시 의아해 할 것입니다.</u> 신들이 여러 가지로 생각해 볼 때 아무래도 미안한 바가 있으므로 감히 소견을 아룁니다." 하니, 답하기를,
"과인이 지금 재변이 참혹하고 민심이 안정되지 않은 것을 걱정하느라 법 밖의 예나 외람한 거조는 생각이 미칠 틈이 없다." 하였다.

이후 1645년이 되자 청나라는 명나라를 완전히 접수했고, 따라서 더 이상 필요가 없어진 소현세자의 영구 귀국을 허락했다. 사실 청나라가 명나라 정벌에 앞서 조선을 먼저 친 이유는, 조선이 명과의 사대관계 때문에 명과 청의 교전시, 청의 배후를 공략하는 것을 미연에 방지하고자 함이었다. 그러나 명나라가 없어진 이 마당에, 더 이상 조선을 견제할 이유는 없어졌다.

그런데 9년 만에 영구 귀국하는 소현세자를 대하는 인조의 태도는 상식과는 너무나도 달랐을 뿐만 아니라 적대적이기까지 했다. 마중도 나오지 않았을 뿐만 아니라, 축하연을 베풀자는 신하들의 요구도 무시해 버렸다. 이런 노골적인 박대 분위기 속에 소현세자는 병을 얻었고, 결국 귀국한 지 3달도 못 되어 세상을 떠나고 말았으니, 당연히 독살이라는 의혹이 제기되었다. 이는 소현세자의 사후 시신 상태가 국가 공식 기록물인 실록에까지 기록되어 있어서 충분히 설득력을 얻고 있다.

인조 23년(1645) 2월 18일
세자가 돌아오고, 청의 사신도 함께 칙서를 가지고 서울에 돌아오다
세자가 돌아왔고 청나라 사신도 함께 서울에 들어왔다. 이에 앞서 청나라 사신은 상(上)이 교외에 나와서 맞이하기를 굳이 청하였는데, 상이 이때 건강이 좋지 않아서 원접사를 시켜 '병 때문에 교외에 나가지 못한다.'는 뜻으로 타일렀으나 사신이 허락하지 않았고 또 중신을 보내어 타일렀지만 역시 허락하지 않았다. 청나라 사신이 벽제에 도착하자, 곧 낙흥 부원군 김자점을 보내어 타이르니, 청나라 사신이 세자에게 말을 전하기를,
"황제께서 막 천하를 얻어 북경으로 도읍을 옮겼으니, 이는 곧 막대한 경사이다. 그렇다면 국왕의 예로서는 의당 교외에 나와서 맞이해야 할 터인데, 병 때문에 행하지 않으니, 매우 온당치 못한 일이다. 다만 중신과 대신이 서로 이어 와서 말

하므로 마지못하여 따른다." 하였다. …(후략)…

인조 23년(1645) 2월 20일
사헌부가 세자의 귀국 축하 권정에 대해 거행하기를 청하다
사헌부가 아뢰기를,
"세자가 영원히 돌아온 것은 실로 전에 없던 온 나라의 경사이니, 신민들의 손뼉 치며 기뻐하는 마음이 의당 어떠하겠습니까. 한번쯤 하례를 올리고 옥안을 우러러 보는 것은 인정이나 예의상 그만두지 못할 일인 듯한데, 갑자기 권정(임시로 정지함)하라는 명이 있으므로 조정의 모든 관원들이 모두 실망합니다. 사세가 매우 바빠서 미처 진달하지 못하였으나 하루쯤 물려서 거행하더라도 늦지 않습니다. 묘당으로 하여금 다시 의논하여 시행하게 하소서." 하니, 답하기를,
"날짜를 물려서 거행하는 것은 온당치 못하다." 하였다.

인조 23년(1645) 6월 27일
소현세자의 졸곡제를 행하다
소현세자의 졸곡제(卒哭祭)를 행하였다. …(중략)… 세자는 본국에 돌아온 지 얼마 안 되어 병을 얻었고 병이 난 지 수일 만에 죽었는데, 온 몸이 전부 검은 빛이었고 이목구비의 일곱 구멍에서는 모두 선혈(鮮血)이 흘러나오므로, 검은 멱목(幎目)으로 그 얼굴 반쪽만 덮어 놓았으나, 곁에 있는 사람도 그 얼굴빛을 분변할 수 없어서 마치 약물(藥物)에 중독되어 죽은 사람

과 같았다. 그런데 이 사실을 외인(外人)들은 아는 자가 없었고, 상도 알지 못하였다. 당시 종실 진원군 이세완의 아내는 곧 인렬왕후의 서제(庶弟)였기 때문에, 세완이 내척(內戚)으로서 세자의 염습에 참여했다가 그 이상한 것을 보고 나와서 사람들에게 말한 것이다.

인조의 비정함은 세자의 사후처리 과정에서도 그대로 드러난다. 세자가 죽으면 국상이므로 특히 장자이기 때문에 3년상이 기본이다. 그러나 인조는 차자에게나 적용하는 1년상을 채택했다. 또한 실제 국상기간도 한 달을 하루로 치는 역월제(易月制)를 적용하여 1년이 아닌 12일(12개월로 간주)만 상복을 입도록 했다. 심지어 이마저도 제대로 지켜지지 않았으니 실제로는 7일 만에 상복을 벗어버렸다고 한다. 오죽 했으면 참지 못한 신하들이 이를 지적하는 상소를 올렸으나 그냥 무시해 버렸다.

인조 23년(1645) 5월 30일
강대수가 공제한 뒤의 신하의 복이 너무 간략하다고 상소하다
전 부윤 강대수가 상소하기를,
"삼가 해조의 통지문을 보건대, 12일로 공제(公除)한 뒤에는 경중과 외방의 관원들이 흑립(黑笠)·흑대(黑帶)·백의(白衣)를 착용하고 평상시의 직임을 수행한다고 하였으니, 이는 상고하여 근거로 삼은 것이 반드시 있겠습니다마는, 신의 얕은 소견에는 또한 너무 간략하지 않은가 여겨집니다. …(중략)… 또 역

월(易月) 공제(公除)한 이외에는 흑립(黑笠)·흑대(黑帶)·백의(白衣)를 착용한다 하니, 이것이 평상시의 옷과 무슨 구별이 있습니까. 신하로서 복을 따라 입는 정리와 예문이 아마도 너무 간략한 듯합니다. …(중략)… 삼가 바라건대 예관에게 분명히 하교하시어, 고례를 바탕으로 삼고 나라의 제도를 참고하여, 세자의 상에 예를 극진히 하게 해서 인심에 유감이 없도록 하소서." 하였는데, 이를 예조에 계하(啓下)하였으나, 일을 머물려 두고 시행하지 않았다.

선인문

죽어서야
선인문을 나간
장희빈

장희빈이 보유한 3대 타이틀

　선인문(宣仁門 / 宣: 베풀 선, 仁: 어질 인, 門: 문 문)은 창경궁의 홍화문 남쪽에 있는 문이다. 정면 2칸의 크지 않은 문이지만 역사적으로는 많은 사건들이 이 문을 중심으로 일어났다. 우선 소현세자의 부인 민회빈 강씨가 폐서인되어 사가로 쫓겨날 때 이 선인문을 통해 궐 밖으로 나갔으며, 중종반정 때 연산군이 쫓겨 갈 때도 이 문을 통해서 나갔다. 또한 영조에 의해 뒤주에 갇힌 사도세자가 8일 동안 굶주림과 갈증, 한여름 더위에 신음하다가 끝내 숨을 거둔 곳도 바로 이 선인

선인문

선인문 안마당-사도세자가 훙서한 곳으로 추정되는 곳

문 안마당이었으며, 갑신정변 때 청나라 군대가 궐 안으로 쳐들어올 때도 이 문을 통해서였다. 그런데 죽어서 이 문을 통해 나간 사람도 있으니 장희빈으로 유명한 희빈 장씨다.

숙종 27년(1701) 10월 10일
장씨의 상을 선인문으로 나가게 하다
하교하기를,
"장씨(張氏)의 상(喪)을 단봉문으로 내보낸다면 건양현(建陽峴)을 지나갈 것이니, 일이 미안한 데 관계된다. 어느 문으로 내보내야 할 것인가? 병조로 하여금 품정(稟定)하게 하라." 하니, 병조에서 아뢰기를,

"취선당이 건양현과 명정전 사이에 있으니, 서쪽으로 건양현을 지나고 동쪽으로 명정전의 어로(御路)를 지나는 것은 모두 미안할 듯합니다. <u>선인문(宣仁門)</u>으로 나가는 것이 사의(事宜)에 <u>합당</u>할 듯합니다." 하니, 임금이 그대로 따랐다.

아마도 조선시대를 배경으로 하는 사극 중에서 가장 많이 제작된 작품의 시대는 인현왕후와 장희빈을 중심에 놓고 궁중암투를 다룬 숙종 연간일 것이다. 중전자리를 놓고 서로 뺏고 뺏기는 극한 정치적 대립 상황에다가 사약을 받고 사사되는 것까지, 상상할 수 있는 모든 드라마틱한 요소들이 시청자들의 몰입도를 최고조로 만들기에 충분하기 때문이다.

장희빈은 조선왕조 역사상 여러 부문에 걸쳐 몇 개의 독보적인 타이틀을 보유하고 있다. 먼저 역대 조선왕비들 중에서 유일하게 평민출신이라는 점이다. 물론 조선의 왕비들 중에는 후궁으로 입궁해서 왕비 자리에까지 오른 경우도 몇 있지만, 이들은 모두 간택된 후궁들로 명문 사대부 집안 출신이었다. 장희빈처럼 내명부의 궁녀로부터 시작해서 왕비까지 된 경우는 장희빈이 유일했다.

두 번째로, 가장 낮은 곳에서 가장 높은 곳까지 올라간 조선여인이라는 점이다. 물론 경쟁 상대였던 숙빈 최씨도 궁녀보다도 더 낮은 신분의 무수리에서부터 내명부의 정1품 빈까지 되었다고 하지만, 무수리라는 사실은 공식적으로 확인된 바가 아니다. 따라서 빈보다도 더 높은 중전자리까지 올라갔던 장희빈이야말로 가장 높은 곳까지 올라갔다는 타이틀을 거머쥘 자격이 있다.

세 번째로, 역대 조선왕비들 중에서 유일하게 후궁으로 강등된 경우라는 점이다. 중전자리에서 쫓겨난 다른 경우를 보면 계유정난으로 쫓겨난 단종비 정순왕후, 중종반정이나 인조반정으로 쫓겨난 단경왕후나 폐비 류씨, 그리고 성종의 얼굴에 상처를 내서 쫓겨난 폐비 윤씨 등을 들 수 있는데, 이들은 모두 폐서인되었기 때문에 평민 또는 노비의 신분이 되었다. 하지만 장희빈의 경우는 죄를 지어서가 아니라, 한때 폐비되었던 인현왕후를 중전으로 복위시키는 과정에서, 왕비 자리에 두 사람이 있을 수 없기에 후궁으로 강등된 것이었다.

실록이 인정한 장희빈의 미모

워낙 유명하다보니 장희빈을 본명으로 잘 못 알고 있는 사람들이 많다. 공교롭게도 오빠의 이름이 장희재라서 이런 오해는 더 널리 퍼진 듯하다. 하지만 '희빈(禧嬪) 장씨'가 올바른 명칭이며, 본명은 장옥정(張玉貞)이다. 희빈의 빈(嬪)은 내명부의 품계 중 가장 높은 정1품의 후궁에게 내려지는 작위를 가리키며, 희(禧)는 고유명사다. 장희빈과 경쟁관계였던 최숙빈도 '숙빈(淑嬪) 최씨(崔氏)'가 올바른 명칭이다.

장옥정은 역관 장형의 막내딸로 태어났으나, 아버지가 11살 때 돌아가시는 바람에 5촌 아저씨인 장현의 슬하에서 자랐다. 그런데 그녀의 집안은 명문 사대부는 아니었으나 역관으로 크게 성공하여 국중(國中)거부라는 소리를 들었는데, 오늘날로 비유하자면 외교관이자 재벌가의 딸인 셈이었다. 또한 정치적으로는 장현의 집안이 복창군 및 복선군 등 남인과 연결이 되어 있었기 때문에, 향후 남인의 후원을 받게 되었다.

그런 그녀가 입궁했던 시기는 불분명하다. 하지만 어린 나이에 입궁했으며 대왕대비전의 궁녀였던 것은 분명해 보인다. 장옥정은 숙종의 첫 번째 부인이었던 인경왕후가 승하한 직후 은총을 받았다는 기록에 비춰보아, 승은상궁이 된 시점은 인경왕후의 사망시기인 1680년으로 보인다. 실록에 '자못 얼굴이 아름다웠다'라는 기록이 있을 정도니, 미모는 대단히 출중했던 것 같다.

> 숙종 12년(1686) 12월 10일
> **장씨를 책봉하여 숙원으로 삼다**
> 장씨(張氏)를 책봉하여 숙원(淑媛)으로 삼았다. 전에 역관(譯官) 장현(張炫)은 국중(國中)의 거부로서 복창군(福昌君) 이정(李楨)과 복선군(福善君) 이남(李柟)의 심복이 되었다가, 경신년의 옥사(獄事)에 형을 받고 멀리 유배되었는데, 장씨는 곧 장현의 종질녀(從姪女)이다. 나인(內人)으로 뽑혀 궁중에 들어왔는데 <u>자못 얼굴이 아름다웠다</u>. 경신년 인경왕후(仁敬王后)가 승하한 후 비로소 은총을 받았다. …(후략)…

그러나 곧 숙종의 어머니인 명성왕후 김씨는 장옥정을 궁 밖으로 쫓아냈는데, 궁 밖에서는 숭선군 이징의 부인 신씨가 돌봐줬다고 한다. 그리고 다시 궁에 돌아왔는데 아이러니하게도 궁으로 불러들인 사람은 다름 아닌 중전 인현왕후 민씨였다.

숙종 12년(1686) 12월 10일 (계속)

…(전략)… 명성왕후가 곧 명을 내려 [장씨를] 그 집으로 쫓아내었는데, 숭선군 이징의 아내 신씨가 기화(奇貨)로 여겨 자주 그 집에 불러들여 보살펴 주었다. 신유년에 내전(內殿, 왕비=인현왕후)이 중전(中殿)의 자리에 오르자 그 일을 듣고서 조용히 명성왕후에 아뢰기를,
"임금의 은총을 입은 궁인(宮人)이 오랫동안 민간에 머물러 있는 것은 사체(事體)가 지극히 미안하니 다시 불러들이는 것이 마땅할 듯합니다." …(중략)… 하였으나, 명성왕후는 끝내 허락하지 않았다. 명성 왕후가 승하한 후에 내전이 다시 임금을 위해 그 일을 말하였고, 자의전(慈懿殿)도 또한 힘써 그 일을 권하니, 임금이 곧 불러들이라고 명하여 총애하였다.

그러던 중 1686년 12월 10일, 장옥정은 내명부 종4품 숙원(淑媛)에 책봉되었는데, 이는 매우 이례적인 일이었다. 원래 후궁에 책봉되는 것은 왕의 자녀를 낳았을 정도라야 가능한 일이었고, 심지어 왕의 자녀를 낳았음에도 후궁으로 책봉 받지 못한 경우도 있었기 때문이었다. 그럼에도 불구하고 아무리 후궁의 작위중 가장 낮은 종4품 숙원이라 하더라도, 아직 임신도 하지 않은 장옥정을 숙원으로 책봉한 것은 도저히 설명할 수 있는 명분이 없었다. 그만큼 장옥정에 대한 숙종의 총애가 대단했음을 보여주는 대목이라 할 수 있다. 시간이 흘러 1688년 10월 27일, 드디어 장옥정은 30살에 숙종이 그토록 고대하던 첫 왕자를 낳았다. 이때는 내명부의 품계가 정2품

소의까지 올라가 있었다.

숙종 12년(1686) 12월 14일
한성우가 궁인 장씨를 숙원으로 삼은 것을 염려하는 상소를 올리다
…(전략)… 또한 신이 삼가 깊이 우려하는 것은, 장씨의 일은 전하께서 그 미색(美色) 때문이며, 전하가 장씨를 봉한 것은 그를 총애하기 때문이니, 오늘날 신민(臣民)들의 근심이 이보다 더 큰 것이 어디에 있겠습니까? …(중략)… 하니, 답하기를, " …(중략)… 그 미색(美色)을 좋아하고 총애함 때문이라는 설에 이르러서는 억측이 너무 심하다고 할 수 있으니, 진심으로 개탄할 일이다." 하였다.

숙종 14년(1688) 10월 27일
왕자가 탄생하다
왕자(王子)가 탄생하였으니 소의(昭儀) 장씨(張氏)가 낳았다.

옥교사건으로 무너지는 숙종의 체면과 숙종의 반격

이때 일명 옥교사건이 발생했다. 장옥정이 왕자를 낳자, 장옥정의 친정어미 윤씨가 딸의 산후조리를 위해서 궁궐로 들어올 때 8인교(가마)를 타고 왔는데, 사헌부 관리가 가마를 압수하고, 가마를 끌고 들어온 종을 처벌하여 문제가 된 사건이다. 여기서 말하는 옥교는 유옥교 즉 덮개가 있는 가마를 말하는데, 규정상 3품 이상 동반(문관) 당상관 부녀자들이 사용할 수 있었다. 따라서 원칙적으로는 장

옥정의 어미 윤씨는 이 가마를 탈 수 없었다.

하지만 당시의 법과 현실은 완전히 별개였다. 서반(무관) 가문의 여인이나 당하관의 처첩은 물론이고, 관직이 없는 양반가의 부녀자나 중인, 양인에 불과한 아속(衙屬)의 처를 포함해서 환관의 처부와 궁녀, 하물며 천민인 기녀와 침선비도 유옥교를 타고 다녔다. 따라서 장옥정 친정어미 윤씨의 옥교사건은 서인세력이 남인세력의 후원을 받고 있던 장옥정에 대한 반감을 드러낸 것으로 보는 것이 합리적이다. 숙종은 이에 현실을 지적하며 장옥정을 욕보인 것은 곧 임금을 욕보인 것이라며 사헌부 관리를 파직했을 뿐만 아니라 죽이기까지 했다.

숙종 14년(1688) 11월 16일
교리 김성적이 사헌부 이졸의 잇따른 죽음을 상소하다
교리 김성적이 사헌부 이졸(吏卒)이 서로 잇따라 죽었다는 것을 듣고, 또 상소하며 아뢰기를,
"훌륭한 사관(史官)이 이 사실을 쓰기를 '모월 모일에 장소의(張昭儀) 어미가 참람하게 옥교(屋轎)를 타고 금중(禁中)으로 들어갔으므로, 헌신(憲臣)이 그 종[奴]을 잡아 다스렸는데, 임금이 바야흐로 엄려(嚴廬) 안에 있다가 이것을 듣고 노하여 소황문(小黃門. 내시)을 시켜서 법리(法吏) 2인을 박살(撲殺)하였다.'고 한다면, 알 수 없겠습니다만, 후세에서 전하(殿下)를 어떠한 군주라고 하겠습니까? …(중략)…" 하고 옥당(玉堂)에서 또 옛일을 인용하여 진계(進戒)하였으나, 임금이 모두 받아들이지 않았다.

숙종 14년(1688) 11월 13일
규례에 대한 비망기를 내리다
임금이 비망기(備忘記)를 내려 말하기를,
"일찍이 후궁(後宮)이 해산(解産)할 때에 본가(本家)에서 들어와 간호하고 출입할 때에 교자를 타도록 허가한 것은 전해 오는 예전 규례이다. 그러므로 지금도 그들로 하여금 한결같이 전의 규례(規例)에 의하여 하도록 하고, …(후략)…

그러나 숙종의 척신이자 최측근이기도 했던 우의정 조사석마저도 옥교사건이 잘못 되었음을 주장하자, 명분에서 밀린 숙종은 서인세력에게 자신의 뜻을 굽혀야만 했다. 서인은 그것에 만족하지 않고 장씨의 생모 윤씨는 앞으로도 옥교를 탈 수 없다는 명을 내릴 것을 종용함과 동시에, 윤씨의 옥교 사건을 예로 삼아 가마에 대한 법을 개정하여 선포하라는 보복성 주장을 제기하여, 숙종에게 두 번째의 굴욕감을 안겨 주었다. 하지만 숙종은 그렇게 호락호락한 왕이 결코 아니었다. 이 사건이 발발한 지 불과 2개월 후에 숙종은 서인세력에 대해 회심의 반격을 가한다.

장희빈 중전 만들기 프로젝트, 기사환국

1689년 1월 11일, 숙종은 장옥정이 낳은 아들에게 원자(元子) 명호를 내릴 뜻을 알린다. 이른바 원자정호 사건이다. 당시 국왕의 나이는 30대고, 서인출신 왕비인 인현왕후도 20대 초반인 젊은 나이였기에, 비록 장옥정이 왕자를 낳았다 하더라도 후궁 소생이라는 사실에 방심하고 있었던 서인들은 숙종의 선언에 매우 당황했다. 하지만 제대로 반대를 하거나 저지할 준비도 되지 않은 상황 속에서 숙종은 불과 닷새 후인 1월 15일에 전격적으로 왕자에게 원자 명호를 내려 종묘사직에 고했다. 게다가 숙종은 원자의 생모 '소의 장씨'를 정1품 빈(嬪)으로 책봉하여 후궁 서열 1위로 만들었다.

> 숙종 15년(1689) 1월 11일
> 왕자의 명호를 정하고 하례는 중지하라고 명하다

> 숙종 15년(1689) 1월 15일
> 원자의 정호를 종묘·사직에 고하다

> 숙종 15년(1689) 1월 15일
> 소의(昭儀) 장씨를 희빈(禧嬪)으로 삼다

이에 앞서 숙종은 원자 정호에 대한 불만이 있으면 관직을 내놓고 떠나라는 공개 선언을 했다. 이미 종묘 사직에 고한 일을 다시 무르라는 것은 선대왕들을 한꺼번에 능멸하는 행위이자, 신권이 왕권 위에 있음을 입증하는 행위나 다름없었기에, 서인은 무기력하게도 소극적 반박의사 표현 정도 이외에는 할 수 있는 것이 없었으나, 숙종은 이 또한 용서하지 않고 그들을 몽땅 파직해 버렸다.

그럼에도 불구하고 서인의 영수 송시열은 원자 정호문제를 정면으로 거론하고 나왔다. 하지만 송시열의 상소는 곧 서인세력이 몰락하는 계기가 되었다. 숙종은 송시열의 상소에 느슨하게 대응할 경우, 원자의 운명이 불안하다고 판단했고, 또한 신하들이 왕권을 우습게 본다고 생각했다. 이에 숙종은 서인정권을 붕괴시키고 남인을 중용키로 하니, 이것이 역사상 기사환국(己巳換局)이다.

그러면서 숙종은 중전인 인현왕후 민씨가 투기한다며 폐출할 것을 말했다. 서인정권을 몰아낸 이 마당에 서인출신 왕비가 필요 없다는 뜻이다. 그리고 효종, 현종, 자신까지 3대에 걸쳐 국왕의 스승이었던 송시열을 사사시켰다. 그런 다음 인현왕후를 폐출시키고 장희빈의 왕비책봉을 종묘 사직에 고해버렸다. 그만큼 숙종은 무서운 사람이었다.

숙종 16년(1690) 10월 22일
희빈 장씨를 왕비로 책봉하다

월근문

매월
슬픔에
잠기는 문

정조의 슬픔을 풀어내는 월근문

　월근문(月覲門 / 月: 달 월. 覲: 뵐 근. 門: 문 문)은 창경궁의 정문인 홍화문(弘化門) 오른쪽에 있는 문으로, 1779년(정조 3)에 건립되었다. 정조가 창경궁 맞은편 함춘원 자리[오늘날 서울대학교병원 자리]에 있던 아버지 사도세자의 위패를 모신 사당을 경모궁(敬慕宮)으로 격상시키고, 이 문을 통해 참배를 다녔다고 한다.

　승정원일기에는 정조가 "이 문을 거쳐 한 달 혹은 한 달 걸러 한 번씩 전배하러 다니며, 어린아이가 어버이를 그리워하는 것 같은 내

경모궁지 [문화재청]

함춘문 [문화재청]

월근문

슬픔을 풀 것이다."라는 내용이 적혀 있는데, 매달 초하루 경모궁에 거둥할 때 통과하는 문이라 하여 월근문(月覲門)이라는 이름이 붙었다고 한다. 뿐만 아니라 월근문과 마주보는 경모궁의 서쪽편에도 문을 만들었는데, 이름이 일첨문(日瞻門)이다. 첨(瞻)은 첨성대 할 때의 볼 첨이니, 매일 그쪽을 바라보겠다는 뜻을 담고 있다.

정조 3년(1779) 10월 10일
월근문을 세우고 이에 대한 관리 방법을 하교하다
월근문(月覲門)을 세웠다. 하교하기를,
"내가 저궁(儲宮)에 있을 때에 실록을 보니, 영묘(英廟. =영조)때에 종묘 북쪽 담과 궁성 남쪽 담이 서로 닿은 곳에 한 문을 창건하고, 초하루·보름마다 소여(小輿)를 타고 위사(衛士) 없이 가서 전배례(展拜禮)를 행하셨다 하였는데, 나 소자(小子)가 늘 마음에서 배송(拜誦)하였다. 일첨문(日瞻門)을 새로 세운 것은 성조(聖祖)의 자취를 뒤따르려는 데에 뜻이 있는데, …(중략)… 종묘 북문(北門)의 예(例)에 따라 문을 세운다. 문이 완성된 뒤에는 의위(儀衛) 없이 다만 승지·사관과 입직한 총부(摠府)·기성(騎省, =병조)의 당상·낭청을 수가(隨駕)시키고, 이 문을 거쳐서 혹 한 달에 한 번 배례(拜禮)하거나 한 달에 걸쳐 배례하여 어린아이가 어버이를 그리워하는 것 같은 내 슬픔을 펼 것이다. 문 자물쇠는 또한 종묘 북쪽 담의 자물쇠의 예에 따라 수직(守直)하는 중관(中官)이 맡게 하지 말고, 정원(政院)에서 감추어 두고 때에 따라 여닫으라." 하였다.

정조는 월근문을 통해 경모궁으로 가는 까닭에 대해서도 실록 속에 밝혀 두었는데, 첫째는 창경궁에서 경모궁으로 가는 가장 최단코스이기 때문에 가까워서 편리하다는 것이며, 둘째는 임금의 행렬에 대동되는 의장과 시위규모를 줄이기 위함이며, 셋째는 비용을 절감하기 위한 것이었다. 따라서 매월 경모궁으로 전배하러 갈 때는 번거롭게 임금의 공식행차 수준으로 할 것 없이, 평소 편전에 다닐 때와 같은 수준으로 예를 거행하라는 어명을 내렸다. 참으로 정조다운 합리적 발상이다.

법적으로는 사도세자가 아닌 효장세자의 아들로서 즉위한 정조

영조 38년(1762) 윤5월 13일
세자를 폐하여 서인으로 삼고, 안에다 엄히 가두다
임금이 창덕궁에 나아가 세자(世子)를 폐하여 서인(庶人)을 삼고, [뒤주] 안에다 엄히 가두었다. …(중략)… 드디어 세자를 깊이 가두라고 명하였는데, 세손(世孫)이 황급히 들어왔다. 임금이 빈궁(嬪宮)·세손(世孫) 및 여러 왕손(王孫)을 좌의정 홍봉한의 집으로 보내라고 명하였는데, 이때에 밤이 이미 반이 지났었다. 임금이 이에 전교를 내려 중외에 반시(頒示)하였는데, 전교는 사관(史官)이 꺼려하여 감히 쓰지 못하였다.

영조 38년(1762) 윤5월 21일
사도 세자가 훙서하다. 왕세자의 호를 회복하다
사도세자(思悼世子)가 훙서(薨逝)하였다. 전교하기를,

"이미 이 보고를 들은 후이니, 어찌 30년에 가까운 부자간의 은의(恩義)를 생각하지 않겠는가? 세손(世孫)의 마음을 생각하고 대신(大臣)의 뜻을 헤아려 단지 그 호(號)를 회복하고, 겸하여 시호(諡號)를 사도세자(思悼世子)라 한다. …(후략)…

광중에 시달리던 사도세자는 역모의 혐의로 폐서인되어, 뒤주에 갇힌 지 8일 만에 비극적인 삶을 마감했다. 뒤주에 갇히자 10살밖에 안된 세손(정조)이 달려와 아비를 살려달라고 애원했지만, 영조는 철저히 외면했다. 이 비극적인 장면은 이후 정조의 머릿속에 트라우마로 남아, 평생 지워지지 않는 상처가 되었다. 영조는 참으로 매정했는데 사도세자의 아들인 세손을, 요절한 효장세자[사도세자의 이복형]의 양자로 입적시켰다. 일종의 편법을 쓴 것이다. 즉 정조는 법적으로 사도세자의 아들이 아니라, 효장세자의 아들로서 왕위를 계승한 것이다. 왜냐하면 유교권 국가에서는 죄인의 아들은 왕이 될 자격이 없기 때문이다. 영조는 심지어 자신이 죽은 후의 일[세손이 즉위하면 분명 생부인 사도세자를 추존하려는 시도를 할 것이라 예상함]까지 미리 걱정하여 "내가 너의 아비에게는 할 만큼 했으니, 사도세자에게 단 한글자라도 더 높인다면 할아비를 잊은 것으로 알라."는 엄명을 내리기까지 했다.

영조 40년(1764) 2월 23일
왕세손에게 효장묘의 제문을 읽어 보도록 하다
임금이 대신과 비국 당상을 인견하였는데, …(중략)… 세손을 돌아보면서 이르기를, …(중략)…

"지금 나는 너를 효장(孝章)의 후사로 삼았다. …(중략)… 위호(位號)를 회복하고 묘우(廟宇)를 세웠으니 너의 아비에게는 더없이 곡진(曲盡)하다 하겠다. 이 뒤에 만일 다시 이 일을 들추어내는 자가 있다면 이는 아비도 없고 임금도 없는 역신(逆臣)인 것이며, 너도 혹 그러한 말에 동요되면 이 또한 할아비를 잊고 아비를 잊은 불효가 된다. …(중략)… 만일 사설(邪說)에 흔들려 한 글자라도 더 높여서 받들면 이는 할아비를 잊은 것이고 사도(思悼)도 잊은 것이 된다. 어찌 차마 이를 하겠느냐? …(후략)…

즉위 첫날 선전포고를 한 정조

그러나 이런 영조의 엄명에도 불구하고 정조는 즉위하자마자 "나는 세도세자의 아들이다."라는 말을 첫 일성으로 내뱉었다. 이 말의 파괴력은 대단했다. 사실 정조가 사도세자의 아들임을 모르는 사람은 아무도 없었다. 그럼에도 정조는 사도세자의 아들임을 공개적으로 천명하고 나섰는데, 이는 대단한 도박이었다. 왜냐하면 스스로 죄인의 아들임을 인정하면서 자신으로 이어지는 왕위계승의 정통성을 문제 삼을 수 있는 소지를 남겼기 때문이다. 뒤집어 이야기하자면 그런 모험을 할 만큼 정조는 확고한 의지를 가지고 있었다는 반증이기도 했다. 그 말을 들은 노론 쪽의 신하들은 하늘이 무너지는 느낌이었을 것이다. 왜냐하면 그들에게는 정조의 그 외침이 "내 아버지 사도세자를 죽게 한 자들을 응징하리라."라고 들렸을 것이기 때문이다.

정조 즉위년(1776) 3월 10일
경희궁의 숭정문에서 즉위하다.
빈전(殯殿) 문밖에서 대신들을 소견하였다. 윤음을 내리기를,
"아! 과인은 사도세자(思悼世子)의 아들이다. 선대왕께서 종통(宗統)의 중요함을 위하여 나에게 효장세자(孝章世子)를 이어받도록 명하셨거니와 …(후략)…

따라서 노론 중에서도 사도세자의 죽음에 깊이 관여한 인물들로서는 어차피 죽을 목숨이니, 그 전에 자신들이 선수를 쳐서 정조를 제거하려 했던 것이 경희궁 존현각에서 발생했던 정조암살 미수사건의 배경이다. 좀 더 자세히 살펴보면 원래 암살계획은 정조 외할아버지 홍봉한의 이복동생인 홍인한과 함께, 노론 벽파의 대표격이었던 홍계희의 집안에서 추진하였다. 홍계희는 사도세자의 행적을 영조에게 과장되게 고하여 사도세자를 죽음으로 몰아갔던 인물이었다. 정조의 즉위 때 홍계희는 이미 죽었지만 그 가문은 사도세자 아들이 즉위한 것을 불안하게 여길 수 밖에 없었고, 홍계희의 아들 홍지해도 홍인한, 정의겸 등과 함께 정조의 등극을 극렬하게 반대하다가 유배되었다. 이에 홍계희의 손자 홍상범은 궁중에 암살단을 난입시켜 정조를 살해하려다 발각된 것이다.

경희궁 존현각에서의 정조암살 시도를 소재로 한 역린(逆鱗)이라는 영화가 있었다. 지금은 훼철되어 흔적도 없이 사라진 존현각이지만 나름대로 건물의 구조나 배치 등은 고증이 잘 된 편이었다. 그런데 영화 속에서는 1777년 7월 28일 경희궁 존현각 주변에서 암살범들

과 궁궐의 금군들이 일대 격전을 벌이고, 또한 클라이맥스에서는 정조와 암살범이 직접 대결을 벌이는데, 결국 암살범은 죽고 모든 사건은 바로 그 당일 완료되지만, 이것은 역사적 사실이 아니다.

 정조실록에 실려 있는 기사를 토대로 역사적인 팩트만을 요약하자면, 7월 28일 정조가 거처하던 경희궁 존현각 지붕위에서 누군가가 발각되었지만 도망갔고, 한동안 범인을 잡지 못했다. 그때까지만 해도 도둑이 든 것으로 파악하는 정도였고 설마 하는 정도였는데, 그래도 혹시 임금의 안위가 걱정이 되어 8월 6일 일단 경희궁에서 창덕궁으로 이어를 하게 된다. 하지만 이어한지 5일 후인 8월 11일에 이번에는 창덕궁에까지 침입한 범인을 잡게 되었는데, 이 범인을 잡고 국문하고 나서야 암살계획과 관련된 모든 사실이 만천하에 확연히 드러났다.

정조 1년(1777) 7월 28일
궁궐 내에 도둑이 들어 사방을 수색하게 하다
대내(大內)에 도둑이 들었다. 임금이 어느 날이나 파조(罷朝)하고 나면 밤중이 되도록 글을 보는 것이 상례이었는데, <u>이날 밤에도 존현각(尊賢閣)에 나아가 촛불을 켜고서 책을 펼쳐 놓았고</u>, 곁에 내시 한 사람이 있다가 명을 받고 호위하는 군사들이 직숙(直宿)하는 것을 보러 가서 좌우가 텅 비어 아무도 없었는데, 갑자기 들리는 발자국 소리가 보장문(寶章門) 동북쪽에서 회랑 위를 따라 은은하게 울려왔고, 어좌의 중류(中霤, 집의 가운데)쯤에 와서는 기와 조각을 던지고 모래를 던지어 쟁그랑거리는 소리를 어떻게 형용할 수 없었다. …(중략)… 이때에 홍국영이 금위대장을 맡고 있었고 사세가 또한 다급하므로, 신전(信箭. 신호용 화살)을 쏘도록 하여 연화문에서 숙위하는 군사를 거느리고서 …(중략)… 금중(禁中)을 두루 수색하였으나, 시간이 밤이라 어둡고 풀이 무성하여 사방으로 수색해 보았지만 마침내 있지 않았다.

정조 1년(1777) 8월 11일
이찬(은전군)을 추대하여 반정을 꾀하려던 일당을 복주시키다
제적(諸賊)들이 복주(伏誅. 형벌로 죽임)되었다. 지난달에 존현각에서 적변이 생긴 이후에 여러 차례 신칙하여 기찰(譏察)하도록 했었으나 오래도록 잡아내지 못했다. …(중략)… 대개 전흥문은 강용휘와 함께 존현각 중류(中霤) 위에 몰래 들어가 칭란(稱亂)하려고 도모하다가 실현하지 못했었는데, 이번에 또 재차 거사하려다가 마침내 수포군(守鋪軍)에게 잡히게 된 것이다. …(후략)…

왕이 잠을 자는 장소는 국가기밀이었다

암살시도를 했던 경희궁 존현각의 위치를 알 수 있는 방법은 없을까? 일제강점기를 통해 완전히 훼철된 경희궁은 현재 복원된 부분이 10%도 채 되지 않는다. 현재 남아있는 건물이라야 한 손에 꼽을 정도인데, 우선 제 위치도 아닌 곳에 서 있는 정문 흥화문이 있고, 그 뒤쪽으로 숭정문과 숭정전이 있으며, 다시 뒤쪽으로 편전인 자정전 정도만이 복원된 상태로 남아 있어서, 숭정전 일곽의 정치하

는 공간인 치조영역을 이루고 있다. 따라서 존현각은 복원되지 않아 실물로는 확인할 수 없지만, 경희궁의 옛 모습을 그린 서궐도안(보물 제1534호, 국립고궁박물관과 서울역사박물관에서 관련자료나 모사본을 전시중)에서 찾아보면, 숭정문 동쪽 편에 있는 보조편전인 홍정당 앞쪽 2중 행각의 가장 끝 편 출입문 옆에 존현각이 보인다.

그런데 존현각은 방의 앞쪽으로는 문이나 행각 또는 담장이 없어서 외부에 쉽게 노출된 구조다. 그럼 왜 이리도 방비가 허술한 곳을 정조는 숙소로 사용했을까? 지금이야 입장권만 사면 누구나 궁궐에 들어갈 수 있고, 또한 궁궐의 자세한 전각배치도를 통해 궁궐 속에서도 자신의 위치를 금방 알 수 있지만, 조선시대의 궁궐은 글자 그대로 구중궁궐이었다. 궁궐 속 관청(궐내각사)에 소속된 관리라 하더라도 부신(符信)이라는 통행증이 허락하는 범위까지만 궁궐에 출입할

경희궁 흥화문

위에서부터 경희궁 숭정문, 숭정전, 자정전

서궐도안 동판 [서울역사박물관]

서궐도안 - 표시된 부분이 존현각 [문화재청]

수 있었고, 또한 궁궐의 전각배치도 같은 것은 상상할 수도 없었다.

지금은 국보로 지정되어 있는 동궐도(국보 제249호)나 서궐도안(보물 제1534호)은 당시로서는 그 존재 자체가 극비사항이었다. 왜냐하면 궁궐의 배치도가 외부로 새어나가면 국왕의 안위가 직접적으로 위협받는 상황이 되기 때문이다. 그런 이유 때문에 동궐도나 서궐도안의 존재는 조선왕조실록을 포함하여 모든 조선의 기록물에서 찾아볼 수 없는 극비사항이었다. 따라서 왕명을 출납하는 승정원의 승지들은 자신이 승지로 임명되던 날로부터 약 보름 동안은 퇴궐하지 못하고 궁궐내에서 생활하며, 궐내의 모든 전각의 위치를 파악해야했다. 그래야만 어명을 제대로 처리할 수 있었기 때문이다.

또한 국왕의 공식적인 침전 건물(대전)이 별도로 있음에도 불구하고, 실제 국왕이 잠을 자는 곳은 고정된 것이 아니라 수시로 바뀌며, 그 사실은 가장 측근의 내관들 정도만이 알 수 있을 뿐이었다. 그렇다면 정조의 암살범들은 어떻게 정조가 존현각에 있는 것을 알았으며, 부신(통행증)없이 존현각까지 접근할 수 있었을까? 그것은 당시 조정을 노론이 완전히 장악하고 있었기 때문에 내시부 등으로부터 암묵적인 지원이 있었을 것이며, 길안내는 '월혜'라는 나인이 맡았다. 궁중나인들은 평생을 궐내에서만 생활하기 때문에 일반사람들이 잘 모르는 비상통로나 샛길 등도 잘 알았기 때문이다.

수은묘(垂恩廟)와 수은묘(垂恩墓)

사도세자의 사후(死後), 시신은 경기도 양주군 배봉산에 묻혔다. 그런데 처음 무덤이 만들어졌을 때는 영조가 비록 사도라는 시호를 내렸어도, 세자의 예에 따르지도 않은 초라한 무덤이었다. 초라하기만 한 게 아니라, 돌보는 사람도 거의 없어서 버려진 무덤 꼴이었다고 한다. 한편 영조는 1764년(영조 40) 봄에 경복궁 서쪽 순화방에 사도세자의 사당인 사도묘(思悼廟)를 지었다가, 같은 해 여름에 창경궁 홍화문 밖으로 옮겨서 수은묘(垂恩廟)라 하였다.

영조 41년(1765) 5월 21일
사도세자의 기신이므로 수은묘의 제문을 지어 제사지내게 하다
임금이 친히 수은묘(垂恩廟)의 제문(祭文)을 지어 승지 홍낙인에게 명하여 가서 제사지내게 하였으니, 이날이 바로 사도세자의 기신(忌辰)이기 때문이었다.

그리고 사도세자의 무덤은 사도세자의 사당과 이름을 같이 사용하여 수은묘(垂恩墓)라 불렀다. 수은묘(垂恩廟)와 수은묘(垂恩墓)는 마지막 한 글자만 다른데, 각각 사당[廟]과 무덤[墓]을 뜻한다. 한글 발음으로는 같기 때문에 혼동하지 않도록 주의할 필요가 있다. 원래 사람이 죽으면 살아생전 몸속에서 조화롭던 음양의 기운이 각각 빠져 나가는데, 사후(死後) 가벼운 양의 기운인 혼(魂)을 모신 곳을 사당[廟]이라고 하며, 무거운 음의 기운인 백(魄)을 모신 곳을 무덤[墓]이라고 한다.

영조 52년(1776) 2월 5일
왕세손이 수은묘에 가서 전작례를 행하다
왕세손이 수은묘(垂恩墓)에 가서 배례(拜禮)를 행하고 묘상(墓上)과 정자각을 봉심(奉審)하고 목메어 눈물을 흘리니, 슬픔이 좌우를 감동시켰다. 하령하기를,
"홍 봉조하·홍낙인·정후겸·은언군·은전군은 함께 들어오라." 하고, 정자각으로 돌아가서 전작례(奠酌禮, 임금 또는 왕비가 되지 못하고 돌아간 조상, 또는 왕자·왕녀에게 임금이 몸소 제사하는 예)를 행하였다.

한편, 영조 뒤를 이은 정조는 즉위하자마자 사도세자를 완전히 복권시키고, 장헌세자라는 존호를 올렸다. 그리고 아버지의 무덤이었던 수은묘(垂恩墓)의 이름을 영우원(永祐園)으로 격상시켰고, 아버지의 사당 이었던 수은묘(垂恩廟)도 경모궁(景慕宮)으로 격상시켜 국왕의 생부로서 존대했다.

> 정조 즉위년(1776) 3월 20일
> 사도세자의 존호를 장헌, 수은묘를 영우원, 사당을 경모궁이라 하다
> 사도세자(思悼世子)의 존호(尊號)를 추숭하여 올려 '장헌(莊獻)'이라 하고, 수은묘의 봉호(封號)를 '영우원(永祐園)'이라 하고, 사당을 '경모궁(景慕宮)'이라 하였다.

물론 정조의 속마음 같아서야 '장헌세자' 정도로 만족할 수는 없었을 것이다. 그래서 정조는 생전에 아버지를 왕으로 추존하려는 시도를 여러 번 했었지만, 그때마다 번번이 정치적 실세인 노론의 반발에 부딪쳐 무산되었다. 사도세자가 왕으로 추존되는 것은 훗날 고종때에 가서야 비로소 이루어진다.

한편 수은묘(垂恩墓)라는 이름을 영우원(永祐園)으로 격상시켰다고 해도 이름만 바뀌었을 뿐 '무덤' 그 자체는 초라하기 그지없었는데, 그 후 정조는 '영우원'을 수원의 화산으로 옮긴 뒤, 이름을 다시 현륭원(顯隆園)이라고 하고 왕릉에 버금가는 규모로 만들었다. 그러다가 고종때 사도세자가 '장조'로 추존되고 나서는 당당히 조선왕조의 정식왕릉으로 인정받아 현재는 '융릉'으로 불린다. 바로 옆에 있는 정

조의 무덤인 '건릉'과 아울러 '융건릉'으로 더 많이 알려져 있다.

•• 뱀의 발

〈무덤의 등급〉과 조선 최초의 〈원(園)〉

　옛날 유교 문화권에서는, 특히 성리학을 국가 경영의 주된 이념으로 삼았던 조선시대에는 모든 우주 만물에 질서를 부여하고 서열을 중요시했는데, 무덤도 예외는 아니어서 왕(왕비)의 무덤만 '능(陵)'이라고 하고 나머지 모든 무덤은 '묘(墓)'라고 했다. 한편 임진왜란 이후 무덤의 등급 중에는 '묘'도 아니고 '능'도 아닌 '원(園)'이 생겨났는데, 이것은 영조가 천한 신분(무수리?)이었던 자신의 어머니에 대한 예우격상을 위해 옛 제도를 찾아내 적용한 것으로써 세자(세자빈)나 왕의 사친(私親)의 무덤에 사용하였는데, 현존하는 조선 최초의 '원'은 영조의 친모 숙빈 최씨의 무덤인 소령원이다.

　그런데 엄밀하게 말하자면 조선에서 최초로 '원'제도를 적용한 것은 영조가 아닌 인조였다. 인조는 반정으로 왕이 되었기 때문에 자신의 아버지 정원군은 당연히 왕이 아니었다. 그런 이유 때문에 인조는 반정 후 자신의 정통성을 확보하는 차원에서 정원군을 왕으로 추존하려는 시도를 여러번 했지만 그때마다 신하들의 거센 반발로 번번히 무산되었다. 하지만 인조는 포기하지 않고 변칙적으로 중국의 사례를 찾아내어 정원군의 무덤을 '능'이 아닌 '원'으로 하자고 신하들에게 약간 양보하는 협상을 벌여 '정원군묘'는 흥경원(興慶園)이라는 원호(園號)를 받았다. 신하들은 왕의 체면을 생각하여 최소한 '능'은 아니었기 때문에 그 정도 까지는 양보하려 했는데, 결국은 귀신 같은 인조의 전술에 휘말려 정원군은 결국 '원종'으로 추존되고, 흥경원은 자동으로 왕릉으로 격상되어 김포 장릉(金浦 章陵)이 된다.

융릉-추존장조와 현경왕후 합장릉

따라서 숙빈 최씨의 소령원은 없어진 흥경원을 대신하여 현존하는 조선 최초의 원이라는 평가를 받고 있다. 아무튼 결론적으로 조선 시대 무덤의 등급은 능(陵)-원(園)-묘(墓) 이렇게 3단계가 된다. 사도세자는 서인(평민)으로 강등되어 죽었기 때문에 처음에는 사도세자의 무덤을 '수은묘(垂恩墓)'라 불렀다. 하지만 정조가 사도세자를 완전히 복권시키면서 '영우원(永祐園)'으로 개칭하였고, 수원으로 이장한 후에는 현륭원(顯隆園)으로 다시 명명하였다. 훗날 고종 때 사도세자가 장조로 추존되면서 무덤도 융릉(隆陵)이 되었기 때문에, 결과적으로 사도세자의 무덤은 수은묘 → 영우원 → 현륭원 → 융릉까지 단계적으로 격상됐음을 알 수 있다.

집춘문

불시에 치르는
과거시험 통로

성균관으로 통하는 최단코스

집춘문(集春門 / 集: 모을 집, 春: 봄 춘, 門: 문 문)은 창경궁의 북문으로, 창경궁에서 성균관으로 통하는 문이다. 임금이 문묘를 참배할 때 또는 성균관에 용무가 있을 때 이 문을 이용했다. 특히 역대 임금들은 이 집춘문을 이용하여 불시에 성균관을 방문한 뒤, 유생들을 대상으로 시험을 실시해서 포상을 하거나 따로 기록을 남긴 뒤 훗날 과거시험에서 가산점을 주기도 했는데, 이런 전통은 창경궁을 처음 만든 성종때부터 있었다.

중종 32년(1537) 10월 13일 시도 유생에게 제술·강경을 실시하는 의례를 정식으로 세우게 하다

정원에 전교하였다.

"전의 성묘조(成廟朝, 성종)때에는 이 대궐에 이어하면 불시에 집춘문(集春門)으로 해서 성균관에 행행하여 시도유생(時到儒生)에게 제술이나 혹은 강경을 실시해 상을 주어 권면하고 진작시켰다. 지금 비록 그렇게 하고자 하나 행차를 정제하여 거둥하는 사이에 혹 늦어지

집춘문

게 된다. …(후략)…

중종 38년(1543년) 10월 5일
춘당대에 나아가 무신의 사예를 관열하다

상이 춘당대(春塘臺)에 나아가 무신의 사예(射藝)를 관열(觀閱)하였는데, 세자가 입시하였다. 한홍제(韓弘濟)가 으뜸을 차지하였는데, 가자(加資)를 주라고 명하였다. 명하여 집춘문(集春門)을 열고 승지와 사관을 보내어 지금 있는 거관유생(居館儒生, 성균관 기

숙유생(宿儒生)을 급히 거느려 와서 경서(經書)를 강(講)하게 하고 입격(入格)한 자에게 급분(給分. 다음 과거시험 때 가산할 성적을 줌) 하였다.

정조 11년(1787) 11월 17일
집춘문에 나가 감제를 설행하다
집춘문(集春門)에 나아가 감제(柑製. =황감제)를 설행(設行)하였다. 으뜸을 차지한 유학(幼學) 정의조에게 직부전시(直赴殿試. 최종 전시에 직행함)를 내렸다.

조선시대 과거시험에는 3년마다 치르는 정규 과거시험인 식년시(式年試)가 있었고, 그 이외의 임시 과거시험으로는 나라의 경사스러운 일이 있을 때 치르던 경과(慶科)와 함께 절일제(節日製)가 있었다. 절일제는 절일(節日)에 성균관(成均館)에서 거재유생(居齋儒生)과 지방의 유생(儒生)에게 보이던 시험인데, 절일은 인일(人日: 정월 7일), 상사(上巳: 3월 3일), 칠석(七夕: 7월 7일), 중양(重陽: 9월 9일)이며, 각각 인일제(人日製), 삼일제(三日製), 칠일제(七日製), 구일제(九日製)가 시행되었다. 여기에 황감제(黃柑製. 해마다 제주도에서 진상하는 황감(귤)을 성균관과 사학 유생들에게 내리고 실시하던 과거)를 더하여 오순절제(五巡節製)라고 불렀다.

•• 뱀의 발
구도장원공(九度壯元公) **율곡 이이**

조선의 과거시험 제도는 크게 소과와 대과(문과)로 나눠진다. 먼저 시험과목에 따라 생원과(경전시험)와 진사과(작문시험)로 나눠지는 소과에서는 각각 초시와 복시를 모두 합격해야만 대과(문과)에 응시할 자격이 주어진다. 한편 대과에서는 시험과목의 구분없이 다시 초시, 복시, 전시의 시험을 거쳐 최종 합격이 결정된다. 즉 5번의 시험(소과초시→소과복시→대과초시→대과복시→대과전시)만 통과하면 과거에 최종합격이 되는 것이 조선의 과거제도다. 그런데 율곡은 과거시험에서 무려 9번의 장원급제를 했다. 어떻게 이럴 수 있을까?

어떤 이유에서인지 율곡은 굳이 하지 않아도 되는 시험까지도 모조리 응시를 했다. 즉 남들은 하나만 선택하는 소과 시험과목인 생원과와 진사과에 모두 응시한 것이다. 마치 대입을 앞둔 고3 수험생이 문과시험과 이과시험에 모두 응시한 것과 마찬가지라고 볼 수 있다. 그래서 생원과의 초시와 복시, 진사과의 초시와 복시를 모두 장원으로 급제를 했다. 심지어 진사과의 초시는 13세에 장원으로 합격하고 난 후 29세에 또다시 장원으로 합격을 했다. 이리하여 소과에서만 무려 5번의 장원을 했다.

그리고 29세때 대과의 초시, 복시, 전시에서 내리 3번의 장원을 했고, 또한 23세때에는 특별시험인 별시에도 응시하여 거기에서도 장원을 했다. 그래서 총 9번의 장원을 한 것이다. 이렇게 과거시험을 자주 보는 것에는 전혀 이유가 없는 것은 아니다. 즉 하위(下位)의 시험이나 별시의 시험 성적이 매우 좋을 때는 다음 상위의 시험에 가산점을 주거나 하급관리의 경우 특별승진을 시켜주기 때문이며, 앞에서 살펴본 중종실록 38년(1543년) 10월 5일 기사에도 그런 흔적이 남아있다.

조원
치일

옥천교

후금사신에 대한 박대가 큰 재앙을 부르다

바깥조정과 겹치는 옥천교 영역

보물 제386호인 옥천교(玉川橋 / 玉: 구슬 옥, 川: 내 천, 橋: 다리 교)는 창경궁의 정문인 홍화문(弘化門) 안쪽 명당수가 흐르는 어구(御溝: 대궐에서 흘러나오는 개천) 위에 설치한 돌다리로, 창경궁이 만들어지던 1483년(성종 14)에 세워졌는데, 창경궁내에서 가장 오래된 구조물이다. 다리 각 부분의 양식과 조각이 특별하며, 특히 다른 궁궐의 어느 것보다도 아름다운 모습을 지니고 있어서, 이 다리만이 독립적으로 보물로 지정되어 있다. 경복궁과 창덕궁과는 달리, 이 다리 밑으로는 실제 물이 흐르기 때문에, 서울의 궁궐 중에서 명당수인 금천(禁川)이 유일하게 살아있는 다리다.

모든 조선궁궐은 풍수지리에 입각한 위치선정 때문에 물길에 둘러싸여 있는데, 그 위에 놓인 다리를 일반적으로 벽사의 의미를 담아 금천교(禁川橋)라고 불렀다. 다만 창경궁의 옥천교(玉川橋)와 더불어 경복궁과 창덕궁의 금천교는 각각 영제교(永濟橋), 금천교(錦川橋)라는 고유의 이름을 가지고 있다.

그런데 창덕궁은 금천교가 궁궐 정문(돈화문)과 중문(진선문)사이에 위치하는데 비해, 창경궁은 별도의 중문이 없기 때문에 궁궐 정문(홍화문)과 정전 정문(명정문) 사이에 위치한다. 따라서 바깥조정이 곧 옥천교 영역과 겹치게 되는데, 이는 경복궁의 금천교(영제교)가 근정문 바로 앞에 있는 것과 유사한 배치법이다. 따라서 옥천교와 명정문

옥천교 봄 풍경

경복궁 영제교(永濟橋)

창덕궁 금천교(錦川橋)

사이의 공간[폭 70m 깊이 20m]에서는 중요한 정치행사 및 행위가 많이 일어났다. 그중에서도 1636년 2월 26일에 있었던 한 사건은 조선 역사상 가장 치욕스런 재앙의 전주곡이 되었다. 실록의 기록은 매우 간단하다.

인조 14년(1636) 2월 26일
호차 마부대가 명정문 밖에서 조제하다
호차(胡差) 마부대(馬夫大)가 종호(從胡)를 거느리고 명정문(明政門) 밖에서 조제(弔祭)를 행하였다.
[胡差馬夫大. 率從胡. 行弔祭於明政門外]

•• 뱀의 발
조선왕조실록의 한글화 유감

현재 조선왕조실록은 전체가 한글화되어 인터넷에 공개되었다. 그런데 이용자들이 충분히 이해할 정도로 한글화 작업이 되었는지에 대해서는 평가가 박할 수 밖에 없는데, 특히 위의 인조 14년 2월 26일 기사는 부실한 국역의 대표적인 사례 중의 하나로 꼽힐 수 있으며, 솔직히 원문을 보지 않으면 무슨 소리인지 전혀 알 수 없다. 이런 예는 너무나도 많다. 심지어 한자에 독음만 달고 조사(助詞) 부분만 한글화했다는 혹평도 있다. 북한에서는 조선왕조실록 전체를 완벽하게 한글화에 성공했다고 하는데, 향후 남북교류에서 최소한 조선왕조실록에 대한 국역부분은 함께 공유하는 쪽으로 학술적인 논의가 되었으면 하는 바람을 가져본다.

후금 사신을 홀대하는 조선 조정

내용이 너무 간단해서 이해하기가 쉽지 않기 때문에 하나씩 한자 원문과 대조를 해 가면서 풀이를 해 보자. 우선 호차(胡差)는 오랑캐[胡]의 차사(差使, 중요한 임무를 위하여 왕명으로 파견하던 임시 관직. 예: 함흥차사)를 뜻한다. 마부대는 후금(훗날 청나라)의 장수이름이다. 종호(從胡)는 오랑캐[胡]의 수행원[從], 즉 부하들이다. 이 내용을 종합해 보면, 후금의 장수 마부대는 수행원들을 이끌고 후금 차사의 자격으로 조선에 조문차 왔는데, 명정문 밖 옥천교 마당에서 조문을 했다는 뜻이다. 그런데 아무리 봐도 도랑이 흐르는 이 장소는 국상 때 공식 외국사절이 조문하기에는 뭔가 어색한 느낌을 준다. 또한 누구의 국상이기에 후금에서 조문사절이 왔을까?

옥천교에서 바라본 명정문

인조 13년(1635) 12월 9일
중전이 산실청에서 승하하니, 대신들과 상례를 의논하다
중전이 대군의 죽음으로 인해 병이 위독해져, 신시(申時)에 산실청에서 승하하였다. …(후략)…

후금의 조문사절이 조선에 오기 3개월 전, 인조의 부인이었던 인렬왕후 한씨가 왕자를 낳다가 산모와 아기가 모두 숨지는 사태가 벌어졌다. 이에 빈전(빈소)이 창경궁 내에 설치되었다. 조선후기 들어서는 왕의 빈전과 혼전은 창덕궁에 세우고, 왕비의 빈전과 혼전은 창경궁에 세우는 전통이 있었다. 왜냐하면 창덕궁은 왕의 궁궐이지만, 창경궁은 대비로 상징되는 여자의 궁궐로 인식되었기 때문이다.

창덕궁 선정전 천랑

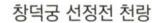

동궐도를 자세히 살펴보면, 빈전과 혼전으로 자주 활용된 창덕궁의 선정전과 창경궁의 문정전은 모두 건물 앞쪽에 천랑[2개의 건축물을 중간에서 연결하는 역할을 하는 복도]이 설치되어 있는데, 선정전 앞 천랑은 복도가 개방되어 있지만, 특이하게도 문정전 앞 천랑은 복도의 양쪽 벽이 막혀 있다. 이것 역시 음양의 원리가 적용되어 왕[양]의 궁궐에는 천랑을 개방시키고, 대비[음]의 궁궐은 천랑을 폐쇄형으로 만든 것으로 이해할 수 있다. 종묘 정전의 익랑도 동쪽[양]편은 개방구조이지만, 서쪽[음]편은 폐쇄형이다.

　기록에 의하면 인렬왕후의 빈전과 혼전은 창경궁 숙녕전에 설치되었는데, 국상 후 철거되어 지금은 정확한 위치를 모르지만, 최소한 후금의 사신들에게 임시 조문장소로 제공된 명정문 앞뜰과는 전

동궐도 문정전 천랑 부분 [동아대학교박물관]

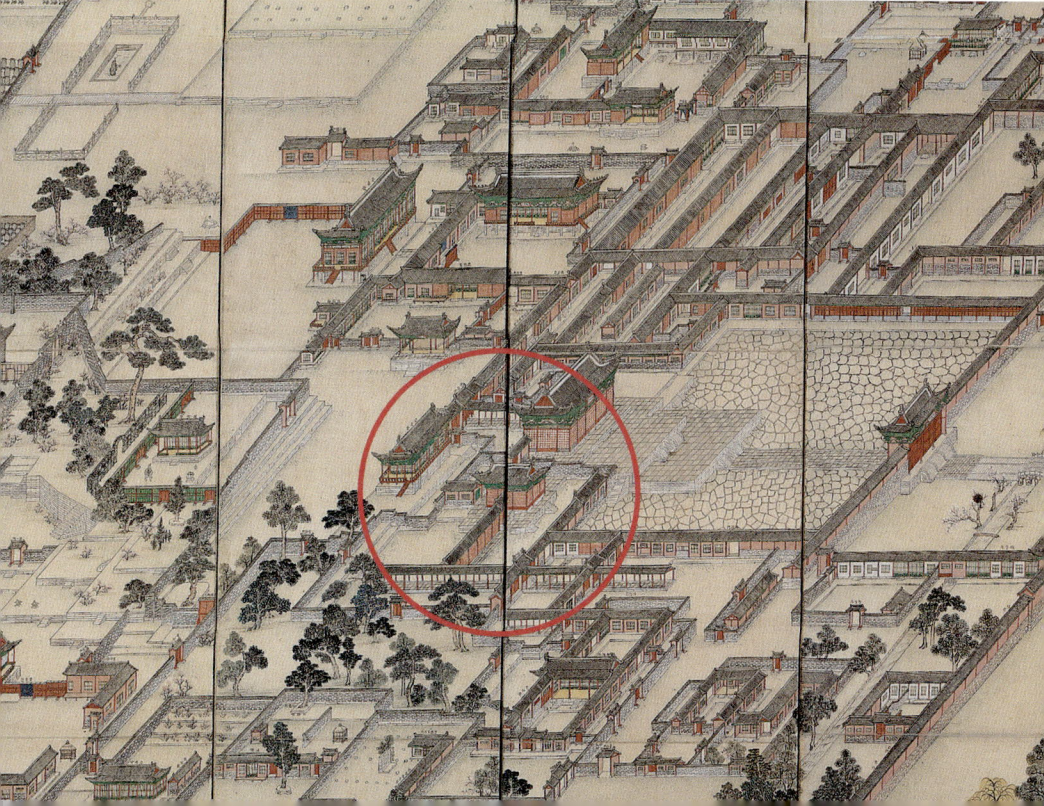

창경궁 실록으로 읽다
치조 일원

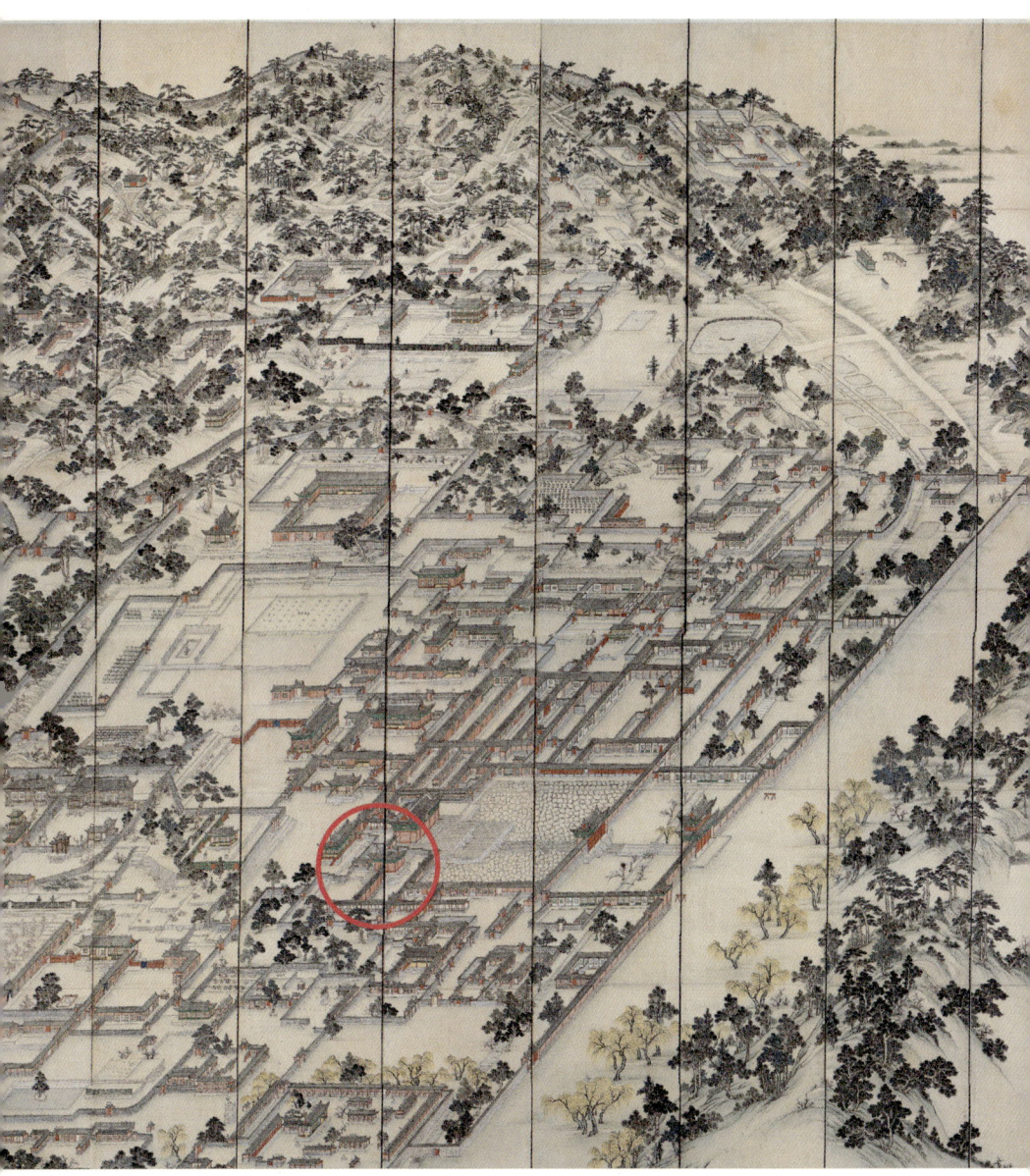

동궐도(표시_창덕궁의 선정전 천랑과 창경궁의 문정전 천랑) [동아대학교박물관]

혀 관련이 없을 것으로 판단된다. 결론적으로 조선은 후금 사신들을 빈전에 제대로 안내하지도 않고, 엉뚱한 장소에다가 간이 빈소를 만들어서 문전박대를 한 것이다. 이들 후금의 사신들이 조선에 온 것은 1636년 2월 16일 이었다.

• • 뱀의 발

함흥차사(咸興差使)

함흥차사는 '함흥에 가는 차사'라는 뜻으로, 태종 이방원이 태조 이성계의 환궁을 권유하려고 함흥으로 보낸 차사를 일컫는 말이다. 이 말의 유래는 다음과 같다. 다섯째 아들인 이방원이 왕자의 난을 일으켜 이복동생들을 죽이는 등의 행동에 분노한 태조 이성계는 한양을 떠나 고향인 함흥으로 떠나버렸다. 백성들에게 불효로 비쳐지는 것에 부담을 느낀 태종이 함흥으로 차사를 보내 이성계에게 한양으로 돌아오시라는 전갈을 보냈는데, 아들을 미워했던 태조는 태종이 보낸 차사들을 보이는 족족 활로 쏴 죽였다. 이런 이유로 힘흥차사는 한번 가면 돌아오지 않는다는 말이 세간에 퍼지면서, 한번 간 사람이 돌아오지 않거나 소식이 없다는 뜻으로 바뀌었다.

그러나 이는 태종 이방원이 저지른 일(왕자의 난)과, 그것을 오랫동안 용서하지 않았던 태조 이성계를 바라보던 백성들이 만들어낸 이야기일 뿐, 사실과는 다르다. 그럼에도 왜 이런 이야기가 생겨났을까? 아니 땐 굴뚝에 연기날 리는 없다. 실제 태조는 상왕으로 물러난 뒤 함흥으로 떠난 것은 사실이며, 그것도 두 번씩이나 떠났다. 그런데 그 사이 함경도 지방에서 '조사의의 난'이 일어났다. 이때 조정에서는 반군을 회유하기 위하여 박순, 송류 등을 차사로 파견했으나, 그들은 모두 반군에게 죽임을 당했다. 하지만 시간이 흐르면서 조사의의 난은 곧 평정되었고, 태조도 한양으로 돌아왔는데, 반군 회유목적의 차사와 태조 환궁목적의 차사가 혼동되면서, 함흥차사의 전설이 생겨난 것으로 보인다.

한편 또 다른 야사에 의하면, 태조가 한양 근처에 다다르자 태종이 직접 마중을 나갔다고 한다. 이때 하륜 등의 신하들이 나서서 아직 태조의 분노가 다 풀어지지 않았으니, 기다리는 다리 위에 큰 장막을 받치는 굵은 기둥을 많이 세우라고 조언을 했고, 태종도 그렇게 했다. 그런데 태조가 먼발치에서 태종을 보자 분이 덜 풀려서인지 별안간 활을 쏘았는데, 태종은 순간적으로 기둥 뒤에 몸을 숨겼고, 화살은 빗나가 땅에 꽂혔다. 그 이후로 그곳의 지명을 '살꽂이 혹은 살곶이다리'라고 불렀다는 이야기가 전한다.

의도적으로 외교적 결례를 범한 후금의 문서

인조 14년(1636) 2월 16일

용골대, 마부대 등이 서달의 차인을 거느리고 오다

호차(胡差) 용골대(龍骨大)·마부대(馬夫大) 등이 서달(西㺚)의 대장 47인, 차장 30인과 종호(從胡) 98인을 거느리고 나왔다. 용골대가 의주 부윤에게 말하기를,

"<u>우리나라가 이미 대원(大元)을 획득했고 또 옥새를 차지했다. 이에 서달의 여러 왕자들이 대호(大號)를 올리기를 원하고 있으므로</u>, 귀국과 의논하여 처리하고자 차인을 보냈다. 그러나 이들만 보낼 수 없어서 우리들도 함께 온 것이다." 하였는데, 의주 부윤 이준(李浚)이 조정에 계문하였다.

실록 기사를 꼼꼼히 살펴보자. 오랑캐[여기서는 후금, 곧 여진족]의 차사(=차인) 용골대와 마부대는 서달족(몽골의 서쪽변두리 종족으로 사납고 군사가 강함) 77인과 오랑캐 수행원들 98인을 거느리고 와서 하는 말이, 이미 후금이 원나라(몽골, 서달)를 복속시켰는데 그 원나라(서달)의 여러 부족 왕자들이 후금에게 황제국이 되기를 원하고 있으니[큰 이름(대호, 大號)을 올린다는 것은 황제국이 된다는 뜻] 조선과 의논하여 처리하고자 차인(=차사)를 보내게 되었다. 그러나 서달 사람들만 보낼 수 없어서 후금도 함께 왔다는 뜻이다.

이 이야기를 전해들은 조선조정은 경악했다. 평소 조선을 상국으로 모시던 한낱 오랑캐 여진족이 후금이라는 나라를 세운 뒤, 조선을 쳐들어 와[이것이 1627년 정묘호란이다] 약 2개월간 전쟁을 벌이다가 양국이 대등한 형제국의 지위를 갖는다는 화약을 맺었는데, 9년이 지난 1636년에는 아예 후금을 상국인 황제국으로 모시라는 말이었다. 조선조정에서는 고민에 빠졌다. 이때의 실록기사를 들여다보자.

인조 14년(1636) 2월 24일
용골대가 가지고 온 문서로 고민하다

금[후금]의 차인[차사] 용골대 등이 서울에 들어왔다. 구관소(句管所)의 제관(諸官)이 들어가 금의 차인을 만나 보았다. 금의 차인이 한(汗, =칸, 중앙유라시아의 군주칭호)의 글 3장을 내어 보였는데, …(중략)… 제관이 이것이 누구의 글이냐고 묻자, 답하기를, "팔고산(八高山) 및 몽고[서달]의 여러 왕자의 글이다." 하였다. 제관이 말하기를,

"인신(人臣)의 처지로 다른 나라 임금에게 글을 보내는 규례는 없다. 이웃 나라 군신간에도 일체 서로 공경하는데, 어찌 감히 대등한 예로 글을 보낸단 말인가." 하고, 물리치고 보지 않으니, 용호[오랑캐의 용골대] 등이 얼굴 빛을 바꾸며 말하기를, "우리 한께서는 정벌, 토벌하면 반드시 이기므로 그 공업이 높고 높다. 이에 안으로는 팔고산과 밖으로는 제번(諸藩)의 왕자들이 모두 황제 자리에 오르기를 원하자, 우리 한께서 '조선과는 형제의 나라가 되었으니 의논하지 않을 수 없다.'고 말하였으므로 각각 차인을 보내어 글을 받들고 온 것이다. 그런데 어찌 받지 않을 수 있는가. …(중략)… 내일 돌아가겠다. 말을 주면 타고 갈 것이고 주지 않으면 걸어서 가겠다." 하였다. 이때 조정에선 한창 회답할 일에 대해 의논 중이었다. …(후략)…

조문사절을 빙자한 후금의 서신을 간단히 요약하자면, 후금의 한(칸)이 이제 청나라의 황제자리에 오를 것이므로, 조선은 지금껏 광해군이 했던 것처럼 명과 청 사이에서 양다리를 걸치지 말고, 이제는 확실히 어느 쪽에 줄을 설 것인지 명확히 하라는 요구나 마찬가지였다. 게다가 용골대가 전달한 서신의 명의가 후금의 한(칸)이 직접 서명한 것이 아니라, 그 아래 여러 왕자급이 보낸 서신이었기에 엄청난 외교적인 결례를 범한 것이었다. 이것이 의미하는 것은 비록 문서상에는 형제국 운운했지만, 조선을 형제의 나라가 아닌, 신하의 나라로 간주하겠다는 뜻이었다.

따라서 조선조정에서는 아예 그 서신을 접수조차 하지 않았던 것이다. 민간에서는 그 정도에서 그친 것이 아니었다. 양반계층에서는 후금 사신들의 목을 베어 명나라로 보내라는 상소문이 빗발쳤다. 그런 와중에도 명분상 조문사절에게 조문까지 막을 수는 없었는데, 정상적인 빈소로 안내하는 대신, 임시 조문장소를 옥천교-명정문 바깥마당에 설치한 것이다. 후금이 외교적 결례를 범했으니 조선도 그에 해당하는 조치를 취한 것이다. 그러자 후금의 사절들은 문을 박차고 나가서 곧바로 귀국길에 올랐다.

인조 14년(1636) 2월 26일

용호(龍胡) 등을 접견하는 문제로 용호가 성이 나서 돌아가다

…(전략)… 비국(비변사)에서 명백하게 처치하고 따로 답서(答書)를 작성하기를 청하자, 상이 허락하지 않았는데, 조금 있다가 용호[오랑캐 용골대] 등이 그들의 글을 받아들이지 않은 데 대해 성이 나서 문을 박차고 나갔다. 그러자 비국에서는 박난영을 보내어 머물도록 타이르게 하기를 청하고, 정원에서는 돌아오게 하지 말고 오로지 자강할 계책을 생각하기를 청하니, 상이 이르기를,

"저들이 머물러 기다린다고 하니 부르지 않을 수 없다." 하였다. 이에 난영을 보내어 용호를 따라 모화관에 가서 굳이 만류하였다. 용호가 말하기를,

"우리들은 별서(別書)를 받지 않기 때문에 가는 것이다. 만일 열어 보기를 허락한다면 마땅히 도로 들어가겠다." 하였다.

마침내 다시 무신 및 역관을 보내어 부르기 위하여 벽제(碧蹄)까지 따라 갔으나, 용호 등이 끝내 오지 않았다. 그들이 성을 나갈 때에 구경하는 관중이 길을 메웠는데, <u>여러 아이들이 기와 조각과 돌을 던지며 욕을 하기도 하였</u>다. …(후략)…

돌아가려는 후금 사절들에 대한 조선 조정의 태도는 두 가지로 나뉘었다. 하나는 비국(비변사)처럼 후금 사절을 달래보자는 쪽이었고, 또 하나는 (승)정원처럼 전쟁준비나 잘 해 보자는 쪽이었다. 결국 후금사절은 그냥 돌아갔는데, 그들이 돌아갈 때의 분위기는 군중들이 돌을 던지는 등 살벌했다.

그런데 후금 사절들이 그냥 돌아가 버리자, 조선에서는 사태의 심각성을 곧 깨달았다. 이제는 전쟁 이외의 다른 방법이 없었는데, 9년 전 정묘호란 때 이미 후금의 막강한 군사력을 직접 체험했던 기억이 떠올랐기 때문이었다. 따라서 부랴부랴 전쟁준비를 서두르기 시작했다.

인조 14년(1636) 2월 27일
사간원이, 위기가 닥치니 신하와 잦은 접촉을 갖으라고 아뢰다
간원이 아뢰기를,
"오랑캐 사신이 지레 나갔으니 <u>위기가 이미 닥친 것으로 비어할 계책을 전에 비해 더욱 깊이 해야 할 것</u>입니다. 그런데 상께서는 깊은 대궐 속에 계시면서 신료들을 드물게 접견하시니, 신들은 민망하고 답답함을 이기지 못하겠습니다. <u>성상께</u>

서는 날마다 대신을 접견하여 빨리 싸우고 지킬 계획을 강구하고 또 대의로써 호차의 청을 배척하고 끊은 뜻을 중외에 분명히 유시하소서. 그리고 여러 신하들로 하여금 직질의 높고 낮음을 따지지 말고 모책과 계책이 있으면 각자 진달하게 하소서." …(후략)…

인조는 전쟁준비를 지시하는 작전계획서 및 명령서를 긴급히 작성하게 해서 전국의 감영으로 보냈다. 그런데 일을 추진하는 과정에서 너무나도 어처구니가 없는 일이 터졌다. 평안감사에게 보내는 인조의 명령서를 후금사신들에게 빼앗긴 것이었다. 본국으로 돌아가던 후금사신 일행은 급히 말을 몰던 수상한 조선사내 하나를 잡고 보니 엄청난 비밀문서를 가지고 있었다. 그 속에는 전쟁준비를 어떻게 하라는 구체적인 지시까지 있었으니 우리 측의 작전내용이 고스란히 적의 손에 넘어간 것이었다. 전쟁에서 지피지기면 백전불태라 하지 않았던가! 후금의 입장에서는 이미 전쟁에서 이긴 것이나 다름없었다.

인조 14년(1636) 3월 7일
평안감사에게 보내는 글을 후금 사신의 복병이 가로채다
화친을 끊고 오랑캐를 방비할 일로 평안 감사에게 하유한 글을 금군(禁軍)이 싸가지고 가다가 호차(胡差)의 복병에게 붙잡혔다. 호차가 정명수(鄭命守, 역관)를 시켜 평양 감사에게 말하기를, "귀국의 문서를 얻어 이미 불에 태우게 하였다." 하였는데 대개 거짓으로 다른 글을 태우고 그 글을 몰래 가지고 간 것이다. 정원이 다시 반포하게 하기를 청하니, 따랐다.

명정문

특명:
조선왕실의
대를 이어라

명종에서 끊어진 적자계승

보물 제385호인 명정문(明政門 / 明: 밝을 명. 政: 정사 정. 門: 문 문)은 정면 3칸 측면 2칸으로 다포계 공포를 갖춘 단층 겹처마 팔작지붕 건물이다. 건축적으로 보았을 때 공포가 내삼출목(內三出目) · 외이출목(外二出目)이지만, 바깥쪽의 짜임에서 출목을 하나 생략하고 제공(諸貢: 공포에 있어서 첨차와 살미가 층층이 짜인 것)을 하나만 둔 점은 아주 드문 고식(古式)으로, 바로 앞쪽의 홍화문과 비교해 봐도 공포가 매우 단순화되어 있음을 알 수 있다. 또한 명정문은 명정전의 동서 중심축선 상에 놓이

명정문 처마 디테일

명정문에서 바라본 명정전. 중심축이 벗어나 있다

지 않고 남쪽으로 약 1.2m 가량 벗어나 있다는 점이 특징인데, 이는 옥천교에서 명정문 쪽을 쳐다봤을 때, 명정문의 정중앙에 명정전이 위치하지 않고 약간 오른쪽에 치우쳐 있는 것에서도 확인이 가능하다. 이런 식의 건물의 배치는 풍수지리에 영향을 받은 것으로 해석하는 것 이외에 달리 설명할 방법이 없다.

1565년 9월 19일 이 명정문 앞에서는 조정의 중신들이 모두 모여 심각한 대책회의를 하고 있었다. 그것은 바로 왕실의 대가 끊어질 것에 대비하는 회의였다. 우선 실록의 내용을 확인해 보자.

명종 20년(1565) 9월 19일
대신 등이 중전에게 후사에 관하여 아뢰다
대신들이 명정문(明政門) 외정(外庭)에 모여서 언서로 중전에게 아뢰기를,
"신들이 지금 의관에게 들어서 상(上)의 환후가 점차 회복되신다는 것을 알았으니, 온 나라 신민의 마음이 조금은 가라앉았습니다. …(중략)… 내전께서 이 마음을 굳게 정하시고 상(上)의 기운이 회복되시기를 기다려, 조용히 종사(宗社)의 대계를 상(上)께 계품하여 성지(聖旨)를 내릴 수 있게 되기를 신들은 간절히 바랍니다." 하니, 답하기를, [언문으로 써서 내렸다.]
" …(중략)… 매우 지당한 생각이다." 하였다.

조선 제13대 임금 명종은 왕비 인순왕후 심씨로부터 순회세자를 낳았지만, 불행히도 순회세자는 12살의 어린 나이로 요절하고 말았

다. 그리고 7명의 후궁이 있었지만 모두 딸만 낳거나 아예 아이를 낳지 못해, 왕실의 대가 끊어질 지경에 이르렀다. 명종은 그 흔한 서자도 없었던 것이다. 이에 조정의 중신들이 모여서 대책을 논의하는 과정이 실록에 남아있는 것이다. 결론적으로 명종에서 조선 왕실은 적자혈통이 끊어졌다. 선왕이자 이복형이었던 인종(仁宗) 역시, 왕비 인성왕후 박씨와 4명의 후궁으로부터 아들을 얻지 못했기 때문에 이제는 한 대를 더 거슬러 올라가, 중종 슬하의 방계혈족을 대상으로 왕위 계승권자를 찾아야 했다.

　중종의 후궁 중에서 가장 높은 품계인 정1품 빈은 총 3명이었는데, 이들로부터는 모두 왕자를 얻었다[경빈 박씨 - 복성군 / 희빈 홍씨 - 금원군, 봉성군 / 창빈 안씨 - 영양군, 덕흥군]. 그런데 경빈 박씨와 복성군은 인종이 세자였던 시절에, 세자를 저주했던 이른 바 '작서의 변'에 연루되어 누명을 쓰고 사사되었으니, 남은 것은 희빈 홍씨와 창빈 안씨 계통의 왕자들이었다. 그중에서도 덕흥군의 셋째 아들 하성군이 가장 자질이 뛰어나 최종 낙점을 받았다.

명종 20년(1565) 12월 2일

　…(전략)… 임금이 삼공(三公)과 영평 부원군(鈴平府院君) 및 금부 당상을 명해 불렀다. …(중략)… 얼마 전 상의 체후가 미령하여 대신들이 국가 대계를 위해 세자를 세울 것을 청했는데, <u>중전이 덕흥군(德興君) 이초(李岹)의 세째 아들 하성군(河城君) 이균(李鈞)을 세우고자 한다고 답하니</u>, …(후략)…

하성군이 최종 낙점을 받은 것과 관련하여 전해져 내려오는 이야기가 하나 있다. 어느 날, 명종이 이복동생인 덕흥군의 아들들을 불러 익선관을 써보라고 하였다. 이에 두 형(하원군, 하릉군)들은 별 말 없이 익선관을 썼지만, 막내 하성군은 어찌 왕의 익선관을 함부로 쓸 수 있냐며 삼가 물러났고, 이러한 하성군의 겸손한 태도는 명종의 마음에 들었다고 전해진다.

선조는 과연 무능한 왕이었나?

하성군은 명종의 양자로 입적되어 명종의 뒤를 이어 즉위하니 그가 바로 조선 제14대 임금 선조다. 선조에 대한 일반인들의 인식은 대체로 역대 최하점에 가깝다. 왜냐하면 임진왜란 때 그가 보여줬던 행실, 예를 들면 조선통신사의 경고가 있었음에도 불구하고 임진왜란 전에 미리 준비를 하지 못했으며, 도성을 버리고 의주까지 도망갔으며, 심지어 조선을 버리고 중국으로 넘어가려고 했으며, 이순신 장군에 대한 모함에 넘어가 백의종군까지 시킨 점 등이 너무나도 강렬한 인상으로 남아있기 때문이다.

그러나 임진왜란이 전대미문의 엄청난 사건이란 점과, 건국 후 200년간 전란이 전혀 없었던 조선에서 왕족의 일원으로 글공부만 하면서 자란 선조의 입장을 감안한다면, 임진왜란 때 보여줬던 실망스런 행실은 어쩌면 이해될 수도 있을 것 같다.

게다가 임진왜란 이전까지 보여줬던 선조의 모습은 일반인들의 생각과는 꽤 다르다. 일단 선조는 명종의 양자로 입적하여 15세의 어린 나이로 즉위했기 때문에, 관례대로 양모이자 대비였던 인순왕후 심씨가 잠시 수렴청정을 했다. 그런데 짧은 수렴청정 기간이 지난 후에, 대비의 외삼촌인 심통원이 부패혐의로 탄핵되자 바로 숙청해 버렸고, 사림파의 동서 분당 사태시 김효원 일파가 심의겸을 공격하자, 대비의 친동생이었던 심의겸을 외직으로 축출해 버리는 등, 나이 어린 왕이 보여준 행태는 조정신하들을 깜짝 놀라게 하기에 충분했다.

게다가 국가의 지도이념이었던 성리학에 매우 충실해서 나름대로 나라를 잘 이끌기 위해 노력을 했고, 기존 부패세력이었던 훈구파를 완전히 몰아내고, 사림파가 정권을 대체할 수 있도록 중용했다. 비록 사림세력이 동서 분당이 되는 등 정국이 시끄러웠던 것은 사실이지만, 정치란 원래 그런 것이며, 나라는 전반적으로 중종, 명종때에 비해 잘 돌아갔다는 평가를 받고 있다.

또한 정국이 시끄러웠던 가운데에서도 선조는 각 당파 사이의 갈등과 균정을 잘 조정했다. 이런 노력의 결과로 지금 이름만 들어도 쉽게 알 수 있는 유성룡, 이항복, 이덕형, 이이, 이황, 정철, 이산해, 윤두수, 권율, 이순신, 정인홍, 한석봉 등 인재들이 넘쳐났는데, 마치 세종대왕의 치세에 견줄 수 있을 정도의 인재풀이었다. 특히 한낱 무명 장수에 불과했던 이순신을 사간원의 반대에도 불구하고, 임진왜란 1년 전에 왜적의 침입을 대비하라며 하루 만에 8계급 특진을 시킨 것도 바로 선조였는데, 이처럼 임진왜란만 배제하고 본다면, 사람 보는 눈이나 왕권을 강화하는 능력은 매우 탁월한 왕으로 평가받을 수 있다. 또 실록에는 선조와 조총에 얽힌 재미있는 기사가 하나 실려 있다.

선조 26년(1593) 11월 12일
임금이 총을 고안하여
유성룡으로 하여금 시험해 보라고 전교하다
상(上)이 유성룡에게 전교하였다.
"조총(鳥銃)은 천하에 신기한 무기인데 다만 화약을 장진하기가 쉽지 않아서 혹시라도 선(線)이 끊어지면 적의 화살에 맞아 죽게 될 것이다. 내가 이를 염려하다가 우연히 이런 총을 만들었는데, 한 사람은 조종하여 쏘고 한 사람은 화약을 장진하여 돌려가면서 다시 넣는다면 탄환이 한없이 나가게 될 것이다. 다만 처음 만든 것이라 제작이 정교하지는 못하다. 지금 경(卿)에게 보내니 비치해 놓고 한번 웃기 바란다."

　이 기사의 날짜는 임진왜란 발발로부터 꼭 1년 7개월이 된 시점이므로 명나라의 구원병도 이 땅에 와 있었고, 또한 사야가(沙也加, 귀화후 이름: 김충선)와 같은 귀화한 항왜병도 꽤 있었기 때문에, 조총에 대한 정보는 충분히 습득했을 수 있었을 것이다. 그러나 무능한 왕이라면 위와 같은 적극적인 생각은 추호도 하지 못했을 것이다.
　그럼에도 불구하고 선조의 즉위는 조선역사상 후궁에게서 태어난 서자가 즉위한 첫 사례였다. 따라서 그의 아버지 덕흥대원군이 서자였다는 사실은 평생 선조를 따라다니며 일종의 콤플렉스로 자리매김 하게 되었다. 사실 왕이기 때문에 대놓고 이야기하지 않아서 그렇지, 조선사회에서 서자는 사람취급도 못 받는다는 것을 누구보다도 선조 자신은 잘 알고 있었을 것이다. 선조가 재위 도중 여러 번에 걸쳐서 자신을 낳아준 생부 덕흥대원군을 왕으로 추존하려고 시도했지만, 신하들의 맹렬한 반대에 부딪쳐 결국 뜻을 이루지 못한 것도 그런 콤플렉스를 더 키워주는 꼴이었다. 반면에 광해군을 몰아내고 왕위에 오른 인조는 선조의 서자 정원군의 아들이었지만, 막무가내로 밀어붙여 결국 정원군을 왕[원종]으로 추존하는데 성공했다.

선조에 대한 신하들의 보이지 않는 멸시는 선조의 정비(첫번째 부인)였던 의인왕후 박씨의 국상때 꼬리가 밟힌다. 의인왕후는 6월 27일 사망하고 12월 22일 장사지냈다.

선조 33년(1600) 6월 27일
중전 박씨가 죽다
신시(申時)에 중궁 박씨(朴氏)가 훙(薨)하였다.

선조 33년(1600) 12월 22일
의인 왕후를 유릉에 장사지내다
묘시에 의인왕후(懿仁王后)를 유릉(裕陵)에 장사지냈다.

그런데 조선의 국장기간은 통상 5개월인데 비해, 의인왕후의 국장은 무려 7개월이나 소요되었다. 이는 왜일까? 그것은 왕릉자리를 잡지 못해서 시간이 지연되었기 때문이다. 원래 새 왕릉이 들어서면 그 왕릉의 주변지역은 화소지역이라는 일종의 성역화 및 접근금지 구역이 설정된다. 그리고 그 화소구역 안에 있는 모든 민가와 무덤은 무조건 철거해야 한다. 조선왕릉 화소구역은 편차가 있으나 대체로 평균 넓이는 대략 24만평 정도로 평가된다. 따라서 왕릉이 들어서게 되면 화소구역과 겹치는 그 주변의 모든 백성들은 이사를 가거나 이장을 해야하는 피해를 보게 되는 셈이다.

물론 국가에서 어느 정도 보상을 해 주기는 하지만, 국왕의 무덤을 위해 종중의 모든 무덤을 이장해야 하는 것을 반기는 사대부는 없을 것이다. 게다가 당시 사람 취급도 하지 않던 서자 출신 국왕의 무덤이라면 사대부들의 반응은 어땠을까? 무슨 변명거리를 대서라도 자신의 선영 근처에 왕릉이 들어서는 것을 결사반대를 했을 것이다. 선조때의 상황이 그랬다. 모든 대신들이 왕릉후보지 선정을 이런 저런 사유로 차일피일 미루고 있었다. 참다못한 선조는 기존 사대부의 묘소까지 살펴보게 했다.

선조 33년(1600) 9월 14일
대행왕비의 묏자리를 잡기 위해 사대부의 묘소를 살펴보게 하다
…(전략)… 답하기를,
"아뢴 대로 하라. 사대부 집안의 유명한 묘소를 상지관(相地官)을 시켜 각기 서계하게 하라. 이들이 비록 좋은 묏자리가 있다 하더라도 숨길 가능성이 없지 않다. 그러나 묏자리란 숨길 수 없는 것이다. 좋은 묏자리가 있는 것을 숨겼다가 뒷날 드러날 경우에는 금부에 내려 중하게 다스리겠다는 것을 술관들에게 효유하고 각각 서계하게 하라." 하였다.
사신은 논한다. 임금에게 신하는 수족(手足)과 같고 신하에게 임금은 복심(腹心)과 같다. 어떻게 손과 발을 잘라내고서 배와

가슴이 편안할 수 있겠는가. 더구나 묘를 파헤치는 것은 극죄(極罪)에 해당하는 것이다. 아무런 까닭도 없이 조상의 묘를 파헤친다면 자손된 자의 마음이 어떻겠는가. 예로부터 산릉(山陵)이 어느 시대고 없는 적이 없었으나 우리나라처럼 남의 묘를 파헤치고서 쓴다고는 듣지 못했다. 인심은 뒤숭숭하고 원망은 물끓듯하며 기상은 처참하여져 조석도 보전할 수 없게 되었으니 탄식을 금치 못하겠다.

특히 사관이 논한 부분[사신은 논한다]에서는 노골적으로 사대부들의 불편한 심기를 그대로 드러내고 있다. 왕릉자리를 확보하기 위함을 뻔히 알면서도 아무런 까닭도 없이 조상의 묘를 파헤친다고 표현하며 우회적으로 선조를 멸시하고 있는 것이다. 당시 세종대왕릉도 대제학을 지낸 이계전의 묘를 파내고 그 자리에 만든 왕릉이라는 것을 모르는 사람은 없었을 것이다.

결국 선조와 의인왕후의 왕릉자리는 오늘날 동구릉 내의 태조왕릉(건원릉)과 문종왕릉(현릉) 사이에 마련되었다. 그 이유로는 그 곳에 이미 건원릉과 현릉이 자리 잡고 있었기 때문에 화소구역을 추가로 설정할 필요가 없었고, 동구릉 영역 속에는 또 다른 왕릉이 계속 만들어지더라도 한양의 사대부들에게는 전혀 피해가 가지 않기 때문이었다. 그런 이유 때문에 선조 이후에 동구릉은 왕실의 공동무덤화가 급속히 진행되는데, 선조 이전까지 무려 200년 동안 2개의 왕릉밖에 없었던 그 곳이, 선조 이후 300년 동안 무려 7개의 왕릉이 우후죽순으로 들어선다. 물론 동구릉이란 이름도 처음부터 동구릉은

목릉-의인왕후릉 능침, 봉분둘레 병풍석이 없다

아니었고, 동삼릉, 동오릉, 동칠릉, 동구릉 식으로 왕릉이 들어설 때 마다 이름이 바뀌었다. 이런 식의 왕릉조성의 이유는 역시 사대부들과의 현실적인 이해관계 충돌과 관련이 없지 않다.

> 영조 33년 5월 18일
> 군문에 명하여 동오릉의 국내에 들어간 호랑이를 잡도록 하다

> 철종 1년 2월 21일
> 동철릉의 향사청을 개수하다

창경궁 실록으로 읽다
치조 일원

목릉-선조릉 능침, 봉분둘레 병풍석이 있다

헌종 14년 5월 4일
동팔릉 보토 당상 이하에게 차등을 두어 상주다

고종 42년 7월 30일
동구릉을 보수할 때 감독한 군수 이하에게 시상하다

명정전

청계천 준설을 시작하다

청계천 준설을 위해 명정전 월대에 모인 백성들

　국보 제226호인 명정전(明政殿 / 明: 밝을 명, 政: 정사 정, 殿: 전각 전)은 조선시대 궁궐 전각 중에서 가장 오래된 목조건축물로, 임진왜란 때 불탄 것을 1616년(광해 8)에 옛 모습으로 복원하였고, 이때 지어진 건물이 지금까지 온전하게 보존되고 있다.

　경복궁 근정전이나 창덕궁 인정전 등 법궁의 정전(正殿)이 거대한 규모의 중층건물인 데 비하여, 명정전은 같은 성격의 정전임에도 불구하고 소규모의 단층건물로 지어졌다는 특징이 있다. 이는 창경궁

위쪽부터 시계방향으로 창경궁 명정전, 창덕궁 인정전, 경복궁 근정전

이 원래 왕이 정치를 행하는 곳이 아니라, 대비가 거주할 이궁(離宮) 성격으로 지어졌기 때문에 법궁에 비하여 격을 한 단계 낮춘 것이며, 정전에 이르는 문의 개수가 2개뿐인 것과 아울러, 건물의 좌향(坐向)이 동향인 것도 같은 맥락에서 이해될 수 있다.

그러나 비록 처음 지어질 때는 대비를 위한 이궁 성격이었다 할지라도, 형식상 궁궐은 여전히 왕을 위한 건축물이다. 따라서 조선 후기 내내 정상적인 궁궐로서의 역할도 담당해 냈으며, 창경궁 내 으뜸 전각인 명정전에서는 수많은 국사가 논의되었는데, 그 중 우리가 주목할 것은 바로 준천, 즉 개천을 준설하는 일이었다.

영조 35년(1759) 10월 15일
명정전 월대에서 준천 당상과 오부 방민을 소견하고 하교하다
임금이 명정전(明政殿) 월대(月臺)에 나아가 준천당상(濬川堂上)과 오부의 방민(坊民)을 소견(召見)하고 하교하기를,
"도랑을 파내는 일절은 오직 백성을 위한 것이니 한번 호령하여 시행하는 데에 지나지 않으나, 이런 등속의 큰 역사는 즉위(卽位)한 뒤에 처음 있는 일이다. …(후략)…

실록에서 언급하는 준천의 대상은 청계천을 의미한다. 예나 지금이나 우리나라 기후는 계절풍의 영향을 받는 온대 몬순기후라서, 강우량이 여름 한철에 집중되는 경향이 있다. 따라서 우리나라 대부분의 하천은 가을에서 다음해 봄에 이르는 기간 동안에는 대부분 말라 있는 건천(乾川)이었던 반면, 장마를 전후로 한 여름철에는 집중호우로 인한 범람과 홍수피해가 컸다. 서울도 예외는 아니어서 매년 물난리를 겪었다.

태종 7년(1407) 5월 27일

큰 비가 내려 도성안의 개천이 모두 넘치다.
큰 비가 내려서 경성(京城)의 개천이 모두 넘치고, 강원도 평창군에 물이 넘쳐 민가 30여 호가 표몰(漂沒)되었다.

태종 18년(1418) 5월 23일
큰 비로 경도의 개천 물이 넘치다
크게 비가 와서 경도(京都)의 개천 물이 넘쳐 교량(橋梁)이 표몰(漂沒)하였다.

원래 청계천[조선시대에는 그냥 개천(開川)이라 불렀다]은 자연상태의 하천이었는데, 조선건국과 함께 한양도성이 만들어지면서, 지형적인 특성상 도성 안의 모든 물길이 모이는 핵심 수로가 되었다. 따라서 태종 때부터 원활한 배수를 위한 노력이 집중되었음을 실록을 통해서 확인할 수 있다.

태종 6년(1406) 1월 16일
충청·강원도의 장정 3천 명이 궁궐 수축을 위해 올라오다
충청도와 강원도 정부(丁夫) 3천 명이 도성에 이르렀다. 덕수궁과 창덕궁에 부역하는 이가 각각 1천 명씩이고, 한성부에 6백 명인데, 개천을 파는 일을 맡았고 …(후략)…

태종 6년(1406) 3월 28일
관리의 품계에 따라 장정을 차출, 개천을 파고 내도록 하다

조정 관리로 하여금 과품(科品)에 따라 정부(丁夫)를 내게 하여 개천을 파고 도로를 닦게 하였다.

태종은 1406년부터 1407년까지 자연상태의 청계천 바닥을 쳐내서 넓히는 등 몇 차례 정비를 했으나, 완전한 것은 아니었기 때문에 큰 비가 올 때마다 피해는 지속되었다. 이에 태종은 1411년(태종11) 하천을 정비하기 위한 임시 관청인 개천도감(開川都監, =개거도감(開渠都監))을 설치하고, 1412년(태종12)부터 모두 52,800명의 인부를 투입하여 대대적인 공사를 실시하였다. 이때 주요 하천의 양안에는 석축을 쌓고, 광통교, 혜정교 등 다리를 돌다리로 만들었다.

태종 11년(1411) 윤12월 14일
개거도감을 설치하고 정월 15일에 역사를 시작하도록 명하다

태종 12년(1412) 1월 15일
개천을 파는 일로 동원된 군사에게 군자감의 곡식을 주다
대신을 보내어 도랑(渠) 파는 일 때문에 종묘·사직·산천 신(神)에 고하였다. 경상도·전라도·충청도 3도의 군인이 모두 5만 2천 8백 명이었다. 임금이,
"5만여 인이 먼 길에 쌀을 지고 온 것이 반드시 넉넉지 못할 것이다." 하고, 명하여 군자감의 쌀 4만 4백 석을 내어서 군인에게 각각 3두(斗)씩을 주어서 반달 양식을 준비하게 하였다. 군인 중에 부모의 상(喪)을 입은 자의 수가 3백명에 이르

렸는데 모두 놓아서 돌려보냈다.

영조때 청계천을 준설해야만 했던 이유

태종때 크게 손을 본 청계천은 이후 영조 즉위 전까지 약 300여 년 동안은 큰 변화가 없었는데, 그 이유로는 당시 약 10만명 정도의 도성 인구를 견딜 수 있는 하수처리 용량을 가지고 있었기 때문이었다. 그러다가 임진왜란과 병자호란 등 큰 전란을 겪고 난 이후, 17~18세기에 한양에는 큰 변화가 생겼다. 한양의 인구가 폭발적으로 증가하기 시작한 것이다. 우선 두 차례의 큰 전란을 겪은 이후 많은 유랑민들이 도성으로 몰려들기 시작했고, 전국적인 대기근 때문에 인구집중 현상은 더욱 가속화되었는데, 18세기 초인 1717년(숙종 43)에는 무려 24만명에 달했다.

늘어난 인구에 비례해서 생활하수도 늘어났는데, 이미 그 양은 청계천의 처리용량을 훨씬 초과했다. 게다가 주변 산의 나무들이 땔감 등의 용도로 남벌되면서 도성 주변의 산들은 거의 민둥산이 되었는데, 이는 토사의 유출로 연결되어 청계천을 차츰차츰 메워버렸다. 이렇게 되자 영조때에 이르러서는 토사가 쌓여 하천 바닥이 평지와 같은 높이가 되기에 이르렀고, 범람으로 인한 피해를 줄이기 위해서라도 청계천 준설은 반드시 필요하게 되었다. 이에 영조는 본격적으로 준천을 시행하기에 앞서, 수차례에 걸쳐 그 시행여부를 조정의 관리와 백성들에게 물어본 다음, 1759년(영조 35) 10월 준천을 관리할 기관으로 준천사(濬川司)를 설치한 후, 1760년(영조 36) 대역사를 시작하였다.

영조 34년(1758) 5월 2일
삼군문 대장을 소견하고 준천(濬川)의 가부(可否)를 묻다

영조 34년(1758) 5월 6일
숭문당에서 개천 파는 일의 가부를 묻다

영조 35년(1759) 10월 6일
홍봉한 · 이창의 · 홍계희를 준천당상(濬川堂上)으로 삼다

영조 35년(1759) 10월 8일
희정당에서 준천당상과 오부 방민에게 준천에 관한 일을 회유하다

청계천 광통교

영조 36년(1760) 4월 16일
준천당상과 낭청에게 시사(試射)를 행한 뒤 잔치를 베풀고 가자하다

영조 36년(1760) 4월 17일
준천 공역이 잘된 일인지의 여부를 여러 고관에게 묻다

이때의 공사로 인해 청계천의 깊이와 폭은 충분히 회복되었고, 지금도 청계천의 광통교에 가 보면 교각에 경진지평(庚辰地平)이란 네 글자가 가로줄과 함께 새겨져 있는데, 이는 준천 공사가 완료된 1760년(경진년)의 땅의 평면이란 뜻이다. 그러면서 영조는 항상 그 네 글자가 보이도록 했고, 만약 한 글자라도 파묻히면 계속 준천할 것을 지시했다. 한편 광통교의 다른 교각 중 두 곳에는 계사갱준(癸

왼쪽부터 경진지평(庚辰地平), 기사대준(己巳大濬), 계사갱준(癸巳更濬)

巳更濬)과 기사대준(己巳大濬)이라는 글씨도 새겨져 있는데, 이는 각각 1833년(순조 33, 계사년)에 다시 준천을 했다는 것과 1869년(고종 6, 기사년)에 크게 준천을 했다는 것을 뜻한다.

순조 33년(1833) 4월 19일
준천사에서 개천을 파서 역사를 종료했음을 보고하다
준천사(濬川司)에서 송기교로부터 영도교에 이르기까지 경진년의 지평(地平)으로 개천을 파서 역사를 끝냈다고 아뢰니 당상(堂上) 이하에게 차등 있게 시상하였다.

고종 6년(1869) 4월 27일
준천사에서 공사를 시작하기에
앞서 지대 조건을 조사하라고 명하다

고종 6년(1869) 7월 16일
준천사 도제조 이하 관리에게 차등 있게 시상하다

1760년의 대역사가 마무리된 지 13년 후인 1773년(영조 49) 6월에 영조는 다시 한번 개천 정비 사업을 실시하였는데, 이는 1760년 준천을 할 때 물자와 인력이 부족하여 미처 시행하지 못했던 작업을 추가하는 것이었다. 이 작업은 양쪽 제방에 돌을 쌓아 튼튼하게 하고, 수로를 곧게 바로 잡았으며, 청계천 양안에 버드나무를 심어 큰비가 올 때도 제방이 무너지지 않도록 하였다. 이 작업이 끝나자 영조는 왕세손(훗날 정조)과 함께 광통교에 나가 완성된 석축을 살펴본 후, 역부들의 공로를 치하하면서 스스로 『준천명(濬川銘)』과 『소서(小序)』를 지었는데, 그 글 속에서 고대 중국 하나라의 우임금이 치수에 성공한 것에 빗대어, 자신이 준천사업에 얼마나 많은 공을 기울였는가를 밝히고 있다.

영조 49년(1773) 8월 6일
광통교에 거둥하여 석축을 살펴보다
임금이 광통교에 거둥하여 석축을 살펴보았는데, 왕세손이 수가(隨駕)하였다. 준천사 당상관(濬川司堂上官)과 금위(禁衛)·어영(御營) 두 대장(大將)에게 가자(加資)를 명하고 나머지에게는 모두 말을 내려 주었다. 임금이 오언(五言)·칠언(七言) 시(詩) 각 1구(句)를 지어 내리고, 여러 신하들에게 화답(和答)해 올리라고 명하였다. 또 준천명(濬川銘)과 아울러 소서(小序)를 짓고, 액례(掖隷)에게 명하여 돈 20관(貫)을 다리 밑에 흩어서 아동으로 하여금 줍게 하였다.

그런데 실록기사의 맨 마지막 부분에 눈길이 가는 대목이 있다. 돈을 광통교 다리 밑에 흩어서 아동들로 하여금 줍게 하였다는 대목이다. 이것은 무엇을 의미하는 것일까? 숙종~영조때 한양으로 몰려든 유랑민들은 이른바 도시 빈민층이라는 새로운 계층을 형성했는데 이들은 주로 청계천 인근에 거주했으며, 먹고 사는 문제가 해결되지 않자, 사회적인 문제가 되기 시작했다. 앞서 밝힌 것처럼 인구증가는 한양도성 내 수로 주변의 난개발과 야산의 남벌로 이어져, 도시 전체 하수의 흐름에 악영향을 끼치기 시작했다.

그런데 영조는 개천 준설 공사목적에 빈민들을 구제하기 위한 구휼목적도 함께 포함시켜 일석이조의 효과를 기대했다. 구체적으로 청계천 준설 작업에는 20여만 명이 참가했는데, 이중에서 6만여 명은 강제노역이 아닌, 일당을 받는 이른바 일용직 노동자였다고 한다. 그런 측면에서 본다면 청계천 준설 사업은 도시 빈민들에게 일자리를 제공하는 일종의 '조선판 뉴딜 정책'이었던 셈이다. 영조는 이 준천 사업을 탕평책과 균역법에 이어 평생에 걸친 자신의 3대 위업으로 꼽았다고 한다.

영조 49년(1773) 12월 20일
약방에서 입진하니, 탕평 등에 대해 논의하다
임금이 집경당에 나아가니, 약방에서 입진(入診)하였다. 임금이 말하기를,
"내가 임어(臨御)한지 50년에 일컬을 만한 사업은 없으나, 양역(良役)과 준천(濬川)은 사업이라고 조금 이를 만한데, 탕평(蕩平)은 어찌 능히 이루었다고 하겠는가?"…(후략)…

문정전

사도세자의
비극이
시작된 곳

사도세자가 뒤주에 갇힌 휘령전은 문정전의 임시 명칭이었다

　문정전(文政殿 / 文: 글월 문, 政: 정사 정, 殿: 전각 전)은 그 이름 속에 들어있는 정치를 뜻하는 정(政)이라는 글자에서도 알 수 있듯이, 임금이 평상시에 거처하며 정무를 보던 편전(便殿) 건물이다. 일제강점기에 조선총독부에서 펴낸 「조선고적도보(朝鮮古蹟圖譜)」에 문정전의 일부가 보이는 것으로 미루어 보아, 그때까지는 전각이 제대로 남아 있었던 것으로 보인다. 하지만 일제의 창경궁 파괴 작업으로 완전히 사라졌다가, 1986년 창경궁 복원사업 때 겹처마의 단층 팔작지붕으로 복원되었다.

문정전_조선고적도보 [국립문화재연구소]

    2008년 숭례문 방화사건 당시의 범인은 숭례문에 방화하기 전, 2006년에는 이곳 문정전을 먼저 범행대상으로 삼았으나 관람객과 직원이 급히 불을 꺼서 큰 화를 면했는데, 그 이후에 문화재보호법 위반으로 인한 집행유예 기간임에도 불구하고 결국에는 숭례문을 방화하기에 이르렀다. 문정전 방화사건의 후속조치를 잘 처리만 했어도 숭례문 사태는 막을 수 있었을 텐데 하는 아쉬움이 남는다.

    그런데 이 문정전 앞뜰에서는 역사상 매우 충격적인 사건이 벌어졌는데, 바로 사도세자가 뒤주에 갇히던 임오화변(壬午禍變)이 그것이다. 임오화변 당시의 전각 명칭은 '문정전'이 아니라, 잠시 '휘령전'이었다. 이는 조선시대에 국상이 발생했을 때 시신을 안치하던 빈전(殯殿)이나 위패를 모셔두던 혼전(魂殿)으로 전각이 사용되면, 그

문정전 정면

용도에 맞게끔 전각 이름을 잠시 바꾸던 관례에 따른 것이었고, 당시 문정전은 '휘령전' 이름으로 변경되어, 영조의 정비였던 정성왕후 서씨의 빈전과 혼전으로 사용중이었다.

영조 33년(1757) 2월 21일
대행 왕비의 시호를 정성, 전호를 휘령이라 하다
대행왕비(大行王妃)의 시호(諡號)를 정성(貞聖), 능호(陵號)를 홍릉(弘陵), 전호(殿號)를 휘령(徽寧)이라고 올렸다.

영조 33년 3월 26일
빈전도감은 휘령전에서 그대로 하고 당상관 1인,

낭청 3인만 차출하다

영조 34년 2월 17일
휘령전 혼전 당상관 이하에게 상을 내리다

사도세자가 뒤주에 갇혀 죽은 것은 온 국민이 아는 상식이지만, 실제 그때의 상황이 어땠는지는 대부분의 국민들이 그저 TV사극이나 영화를 통해서 아는 것이 대부분일 것이다. 하지만 TV사극이나 영화는 대중의 흥미를 위해 각색이 되는 만큼, 실록의 기사를 통해 실제 그날의 상황을 공식적으로 확인해 보고, 또한 그런 상황이 만들어지게 된 근본적인 이유도 실록 속에서 찾아볼 필요가 있다. 일단 실록 속에서 사도세자가 뒤주에 갇히기 직전의 상황을 살펴보자.

사도세자를 죽게 한 결정적인 역할은 사도세자의 생모가 맡았다

영조 38년(1762) 윤5월 13일
세자를 폐하여 서인으로 삼고, 안에다 엄히 가두다
임금이 창덕궁에 나아가 세자(世子)를 폐하여 서인(庶人)을 삼고, 안에다 엄히 가두었다. …(중략)…
한번 나경언(羅景彦)이 고변(告變)한 후부터 임금이 폐하기로 결심하였으나 차마 말을 꺼내지 못하였는데 갑자기 유언비어가 안에서부터 일어나서 임금의 마음이 놀랐다. 이에 창덕궁에 나아가 선원전(璿源殿)에 전배하고, 이어서 동궁의 대명(待命)을 풀어주고 동행하여 휘령전(徽寧殿)에 예를 행하도록 하였으나 세자가 병을 일컬으면서 가지 않으니, 임금이 도승지 조영진(趙榮進)을 특파(特罷)하고 다시 세자에게 행례(行禮)하기를 재촉하였다. 임금이 이어서 휘령전(徽寧殿)으로 향하여 세자궁(世子宮)을 지나면서 차비관(差備官)을 시켜 자세히 살폈으나 보이는 바가 없었다. 세자가 집영문(集英門) 밖에서 지영(祗迎)하고 이어서 어가를 따라 휘령전으로 나아갔다. …(후략)…

사실 1762년(영조 38) 윤5월 13일 하루치 실록 기사만 꼼꼼히 잘 읽어봐도 임오화변(사도세자 사건)의 대강을 알 수 있다. 먼저 나경언의 고변이 있고난 이후에 영조가 사도세자를 폐하려고 결심했다는 대목이 있다. 결심도 보통 결심이 아니다. 창덕궁에 있는 선원전에 나아가 선대왕들의 어진 앞에서 그 결심을 공식화하고, 이어 휘령전(문정전)으로 향하면서 세자를 불러들여 예[자결하라고 명령했다]를 행하도록 했다. 그렇다면 나경언은 누구이며, 또한 고변했다는 내용은 무엇일까? 이 내용도 실록 속에 소상히 기록되어 있다.

영조 38년(1762) 5월 22일
동궁의 허물을 아뢴 나경언을 친국하고 복주하다
나경언(羅景彦)이 복주(伏誅, 형벌로 죽임)되었다. 나경언이란 자는 액정별감(掖庭別監) 나상언(羅尚彦)의 형이니, …(중략)… 환시(宦侍, 환관)가 장차 불궤(不軌)한 모의를 한다고 고하였다. …(중략)… 대개 나경언이 동궁(東宮)의 허물 10여 조(條)를 낱낱이 들었는데 말이 매우 패란(悖亂)하였다. …(중략)… 임금이 창문을 밀치고

크게 책망하기를,

"네가 왕손(王孫. 은전군)의 어미[수칙 박씨]를 때려죽이고, 여승(女僧)을 궁으로 들였으며, 서로(西路)에 행역(行役)하고, 북성(北城)으로 나가 유람했는데, 이것이 어찌 세자로서 행할 일이냐? 사모를 쓴 자들은 모두 나를 속였으니 나경언이 없었더라면 내가 어찌 알았겠는가? 왕손의 어미[수칙 박씨]를 네가 처음에 매우 사랑하여 우물에 빠진 듯한 지경에 이르렀는데, 어찌하여 마침내는 죽였느냐? 그 사람이 아주 강직하였으니, 반드시 네 행실과 일을 간(諫)하다가 이로 말미암아서 죽임을 당했을 것이다. 또 장래에 여승의 아들을 반드시 왕손이라고 일컬어 데리고 들어와 문안할 것이다. 이렇게 하고도 나라가 망하지 않겠는가?" 하니, 세자가 분함을 이기지 못하고 나경언과 면질(面質)하기를 청하였다.

사도세자가 죽게 된 직접적인 원인 중 하나로 나경언의 고변을 꼽을 수 있다. 영조가 노론을 견제하기 위하여 의도적으로 키운 사도세자의 장인인 홍봉한[풍산 홍씨]이 세자의 지위와 영조의 후원 때문에 일약 영의정으로까지 승진하자, 이에 정치적 위기감을 느낀 노론 계열의 인물인 김한구, 김상로, 홍계희[남양 홍씨], 윤급 등은 세자의 처족인 풍산 홍씨 세력을 몰아내고 세자를 폐위시키고자, 윤급의 노비였던 나경언을 시켜 반란을 고변케 하였다. 훗날 홍계희의 손자 홍삼범은 사도세자를 죽게 한 책임을 피하고자 정조 즉위년에 암살범을 경희궁에 보냈다가 발각되어 처형되었다. 그러나 나경언은 '반란 고변'이라고 하며 영조와 직접 만나게 된 뒤에는 품속에서 다른 종이를 꺼내는데, 그건 반란이 아니라 세자의 10가지 비행을 적은 것이었다.

그 대표적인 내용으로는 "세자가 일찍이 궁녀(수칙 박씨. 훗날 경빈 박씨로 추증)를 살해하고, 여승을 궁중에 들여 풍기를 문란시키고, 부왕의 허락도 없이 평안도에 몰래 나갔으며, 북한산성에 멋대로 나가 돌아다녔으며, 시전 상인들에게 돈을 빌리고 안 갚은 것" 등의 세자의 비행과 더불어, 더 나아가 장차 환시(환관)들과 모반할 것을 꾀한다는 것이었는데, 세자궁의 환관들은 대체로 경종을 모시던 환관들이어서 그렇지 않아도 경종독살설과 이인좌의 난 때문에 왕위계승에 콤플렉스가 있었던 영조는 격노하지 않을 수 없었다.

특히 수칙(종6품) 박씨는 한때 사도세자의 총애를 받고 정조의 이복동생인 은전군까지 낳았으나, 사도세자의 옷을 시중드는 도중에 사도세자의 의대병(衣襨病)이 발병해, 그 자리에서 맞아 죽었다. 세자의 정신병 증세 중에서 의대증은 옷을 입으면 견디지 못하는 병인데, 이는 옷을 제대로 갖춰 입는다는 것이 결국 세자가 그토록 무서워하던 아버지 영조를 만나야 하는 상황을 의미하는 것이어서, 정신착란 내지 발작의 원인이 되었던 것 같다.

아무튼 나경언의 고변에 대해 억울함을 느낀 사도세자는 나경언과의 대질을 요구하였으나, 영조는 "대리청정하는 저군이 대질을 해? 이 무슨 나라 망칠 소리냐?"라고 엄히 꾸짖으며 들어주지 않았다. 이후 세자의 비행 문제는 더욱 확대되었고, 이런 상황에서 세자는 매일같이 석고대죄를 했지만 영조가 전혀 반응을 하지 않자, 이에 사도세자는 영조가 자신을 죽이려 하는 것이 틀림없다고 미쳐 날뛰기 시작했고, "기어이 없애겠다." 등 이상한 말을 하기 시작했다.

영빈 이씨는 아들 사도세자를 포기하고 세손을 살리고자 했다

윤5월 13일 실록기사 중에는 "갑자기 유언비어가 안에서부터 일어나서 임금의 마음이 놀랐다."라는 대목이 있는데, 이는 또 무슨 말일까? 아무리 나경언의 고변이 있었다 하더라도 그 정도의 일로 일국의 세자를 폐서인(왕비나 세자 등이 죄를 지어 그 신분과 지위를 잃고 서인(庶人)으로 강등되는 것) 할 수는 있어도 죽이기까지는 아무래도 명분이 약하다. 그런데 갑자기 유언비어가 생겨났는데, 그 출처를 중(中)이라고 표현했다. 그 부분만 발췌하여 한자 원문을 살펴보자.

영조 38년(1762) 윤5월 13일
세자를 폐하여 서인으로 삼고, 인에다 엄히 가두다
一自景彦 告變之後: 한번 나경언(羅景彦)이 고변(告變)한 이후로부터
上決意欲廢: 임금(上)이 세자를 폐(廢)하고자 하는 뜻을 결정하였으나
而未忍發矣: 차마 말을 꺼내지 못하였는데
忽有飛語: 홀연히[忽] 유언비어[飛語]가 생겨나서[有]
從中而起: 곧이어[從] 내부[中]에서부터 일어나니[而起]
上意驚動: 임금[上]의 의중[意. 뜻. 마음]이 놀랐다[驚動]

여기서 중(中)이라 함은 곧 궁중(宮中)을 뜻하고, 윤5월 13일 기사의 다른 부분과 더불어 종합적으로 행간을 자세히 읽어보면 출처가 다

름아닌 사도세자의 생모인 영빈(映嬪) 이씨라는 결론에 도달한다.

영조 38년(1762) 윤5월 13일 (계속)

…(전략)… 임금의 전교는 더욱 엄해지고 영빈이 고한 바를 대략 진술하였는데, 영빈은 바로 세자의 탄생모(誕生母) 이씨(李氏)로서 임금에게 밀고(密告)한 자였다. 도승지 이이장(李彛章)이 말하기를, "전하께서 깊은 궁궐에 있는 한 여자의 말로 인해서 국본(國本)을 흔들려 하십니까?" 하니, 임금이 진노하여 빨리 방형(邦刑)을 바루라고 명하였다가 곧 그 명을 중지하였다. 드디어 세자를 깊이 가두라고 명하였는데, 세손(世孫)이 황급히 들어왔다. 임금이 빈궁(嬪宮)·세손(世孫) 및 여러 왕손(王孫)을 좌의정 홍봉한의 집으로 보내라고 명하였는데, 이때에 밤이 이미 반이 지났었다. 임금이 이에 전교를 내려 중외에 반시(頒示)하였는데, 전교는 사관(史官)이 꺼려하여 감히 쓰지 못하였다.

그렇다면 '영빈 이씨'는 왜 자신의 친자식인 사도세자를 죽이기 위해 결정적인 밀고까지 했을까? 그것은 바로 사도세자의 당시 행동으로 판단해 보건데, 조만간 부인인 '혜경궁 홍씨'와 '세손(훗날 정조)'의 목숨까지도 위험하게 할 것으로 판단한 듯하다. 결국 종묘사직을 보존하기 위해 자신의 친아들을 희생하는 안타까운 결정을 내린 것으로 볼 수 있다.

그렇다면 영빈 이씨는 그 후 어떻게 되었을까? 아무리 종묘사직을 위한다해도 친자식의 죽음을 쉽게 견뎌낼 수는 없었을 것이다.

그 때문인지 그녀는 사도세자 사망 2년 뒤에 세상을 떠났다. 그런데 아이러니하게도 그녀의 후손(1남 6녀)들은 외아들인 사도세자 계열을 제외하고는 대부분이 당대에 불우한 말로를 맞았다. 6녀 중 3명은 채 다섯살이 되기도 전에 사망했고, 그나마 10살을 넘긴 화평옹주, 화협옹주도 20세를 전후로 사망을 했다. 겨우 막내딸인 화완옹주만이 71세까지 살아남았지만, 남편인 정치달은 일찍 사망했고 시댁 일가의 아들인 정후겸을 데려다가 양자로 삼았는데, 정조 즉위 후 양자 정후겸과 함께 역모죄의 죄인으로 몰렸다. 그 결과 정후겸은 사사당하고, 그녀 자신은 옹주의 호를 삭탈당해서 그저 '정치달의 처(정처)'라고 불리게 되었다.

순조실록에는 1808년 5월 17일 삼사에서 올린 글에서 "정치달의 처가 죽어 더 이상 죄를 묻지 않는다"는 구절이 나오는데, 그 외 화완옹주의 사망과 관련된 정확한 자료는 찾아볼 수가 없다. 따라서 왕가의 전통상 마땅히 있어야 할 졸기(卒記)가 없고, 무덤이 경기도 파주 유배지 인근이었던 것으로 미루어 짐작해 보건 데, 죽을 당시까지도 죄를 완전히 벗지는 못했던 것으로 여겨진다.

사도세자를 죽인 것은 결국 영조였다

여러 가지로 판단해 보면 정작 사도세자를 죽음으로까지 몰고 간 숨은 주체는 결국 '영조'라고 보는 것이 타당할 것 같다. 하지만 영조는 부모가 자식을 죽였다는 도덕적 지탄이 두려워서인지 사도세자를 죽이는데 필요한 대의명분을 주변으로부터 쌓아온 것으로 보인다. 그런 판단의 근거로는 여러 개가 있는데 그 중 하나로 영빈

이씨가 죽었을 때 영조가 내린 시호가 의열(義烈)이었으며, 시호를 내리는 의식을 영조가 친히 집행하였다는 것이다. 의열이란 올바름(의로움)의 열사라는 뜻인데, 영조 자신이 차마 하지 못한 역할을 영빈 이씨가 대신 해 주었다는 느낌을 강하게 받는다.

그렇다면 영조는 어째서 친자식이 비록 정신병을 앓고 있었다해도, 꼭 죽였어야 할 만큼의 심리상태가 되었을까? 여러 자료들을 종합해서 판단해 보건데, 사도세자가 정신병을 앓았다는 것이 분명한 만큼, 영조자신도 일정부분 정신적인 문제가 있었던 것으로 보인다.

우선 그는 비천한 신분으로 알려진 어머니의 출신성분 때문에 자신의 출생과 즉위 과정에 대해 주변으로부터 의구심이 많았고, 이는 곧 심각한 열등감으로 변질되었을 것이다. 역시 자신과 같은 서자출신의 사도세자를 끊임없이 닦달한 것도 자신의 열등감을 만회하려는 노력의 일환으로 볼 수 있다.

또한 좋은 집안 출신의 첫번째 아내, 정성왕후를 전혀 사랑하지 않았다는 야사도 그의 출생과 관련된 열등감 때문으로 보인다. 궁중의 구전 이야기에 따르면 정성왕후와의 혼례 첫날밤, 영조가 신부의 손을 잡고 "손이 참 곱소"라고 했더니, 정성왕후가 귀하게 자라서 그렇다고 답했다고 한다. 그 말은 곧 무수리의 아들로 소문난 영조에게 열등감만 더 심어주었고, 따라서 정성왕후를 의도적으로 멀리 했다고 한다. 실제로 정성왕후는 자식을 전혀 낳지 못했다.

게다가 자신을 여러 차례 비호해준 이복형 경종을 독살했다는 소문이 파다하여, 그것을 명분으로 삼는 이인좌의 난과 같은 반란도 끊이질 않았기 때문에 의심증은 매우 깊었을 것이다. 또한 나경언의 고변 중에서 '더 나아가 장차 환시(환관)들과 모반할 것을 꾀한다'는 것에도 심한 충격을 받았을 것이다. 왜냐하면 세자궁의 환관들은 대체로 경종을 모시던 환관들이었기 때문이었다.

또한 듣기 싫은 말을 들으면 즉시 물을 가져오게 하여 귀를 씻고, 그 물을 사도세자와 화협옹주의 거처 쪽에 버리게 하는 등, 자식들에 대해서도 편애가 매우 심하였다고 한중록 등 여러 기록은 전하고 있다. 따라서 영조와 관련된 여러 자료들을 종합해 볼 때 영조에게는 '편집성 인격장애'라는 정신과적 진단이 내려질 수 있다고 한다.

풍수기법으로 사도세자의 처형장소 찾아내기

그런데 한 가지 재미있는 사실은 사도세자가 뒤주 속에 갇힌 곳은 분명 문정전 앞뜰이었지만, 실제로 숨을 거둔 장소는 의외로 선인문 안마당이라는 사실이다. 이는 뒤주를 옮겼다는 것을 뜻한다. 왜일까? 아직까지 뒤주를 옮긴 이유를 명쾌하게 설명하는 자료는 발견되지 않았다. 그저 뒤주를 옮겼다는 사실만 기록되어 있을 뿐이다. 아마도 이는 풍수적인 이유 때문인 것으로 보인다.

사도세자가 아무리 죄인의 신분으로 전락하여 폐서인 되었다 하더라도, 일국의 세자였는데 저잣거리에서 형을 집행할 수는 없는 노릇이다. 따라서 궁궐 내에서 형을 집행하여야 했다. 그런데 궁궐은 기본적으로 명당에 만들어지고, 또한 궁궐의 명당기운이 밖으로 흘러 나가지 못하도록 명당 물길로 둘러싸고 있다. 그래서 모든 궁궐은 돌다리를 건너야만 궁궐 속으로 들어갈 수 있다. 또한 사람이 죽으면 그 자리에서는 나쁜 기운이 생겨나기 때문에, 부득이하게 궁궐

내에서 처형장소를 잡을 때는 궁궐의 명당기운을 해치지 못하도록, 궁궐 내에서도 가장 명당기운이 약하거나 아니면 궁궐내 다른 곳에 나쁜 영향을 주지 않을 만한 곳에 형의 집행장소를 결정하려고 했을 것이다.

사도세자는 당시 동궐(창덕궁+창경궁) 속의 시민당(時敏堂) 건물을 정당(正堂)으로 쓰고 있었기 때문에 동궐 속에서 처형장소를 결정해야 했다. 그러면 두 궁궐 중의 하나이다. 창덕궁이냐, 아니면 창경궁이냐? 창덕궁은 조선 후기 국왕의 법궁으로 활용된 궁궐이고, 창경궁은 대비들을 위해 만들어진 부수적인 보조궁궐이다. 따라서 중요도가 떨어지는 창경궁이 처형장소로 1차 결정이 된다.

그렇지만 창경궁도 매우 넓은 공간이다. 거기서도 또 2차 선택을 해야 한다. 모든 궁궐에는 가장 중심이 되는 으뜸 전각이 있는데 그

선인문 안마당-사도세자 훙서장소로 추정

것을 정전(正殿) 또는 법전(法殿)이라고 하며, 궁궐내의 전각 중에서는 2층 또는 가장 큰 규모로 짓는다. 창경궁의 법전은 명정전이다. 그런데 명정전 앞의 조정마당에는 정로(正路)라 불리는 세갈래 돌길이 깔려있다.

 일반적인 궁궐의 경우에는 그 정로를 중심으로 남쪽을 바라보는 임금[군주남면]의 왼쪽[동쪽]은 문신들이 줄지어 서고, 임금의 오른쪽[서쪽]은 무신들이 줄지어 선다. 무신은 원래 전쟁을 통해 사람을 죽이는 것이 본업이다. 따라서 처형장소는 무신들이 있는 서쪽방향이 되어야 한다. 그런데 창경궁은 독특하게도 남향이 아니라 동향을 하고 있기 때문에 임금의 오른쪽은 방위상 서쪽이 아니라 남쪽에 해당된다. 따라서 사도세자의 처형장소는 창경궁의 정문인 홍화문의 남쪽 방향이 되어야 한다. 이렇게 하면 처형장소의 2차 선택까지 완료가 되었다. 하지만 그래도 아직 장소는 매우 넓어서 더 범위를 줄여야 한다.

 여기서 또 한가지 고려해야 하는 것은 궁궐 내에서도 명당인 곳이 있고 명당 아닌 곳이 있는데, 두 구역을 가르는 것은 금천 물길이라고 했다. 명당기운은 물을 건너가지 못하는 성질을 이용한 것이다. 따라서 창경궁의 옥천교 밑을 흐르는 명당수 금천 물길 바깥쪽이 최종 처형장소로 선택되어야 하는 것이 풍수기법으로 찾아본 결과이다. 그것도 물길이 거의 끝나가는 쪽일수록 궁궐에 영향을 덜 주게 된다. 흐르는 물이 나쁜 기운을 씻어 나가기 때문이다.

 지금까지 알아본 내용을 종합해서 풍수기법으로 사도세자의 처형장소를 찾아보면, 창경궁의 금천 물길 바깥쪽에서 홍화문의 남쪽[무신들의 영역]에 해당하는 곳으로 물길이 거의 끝나가는 곳은 바로 선인문 안마당 주변이다.

숭문당과 함인정

숭문당

사도세자의
대리청정은
영조의 패착

숭문당에서 성균관 유생에게 특혜정책을 편 영조

 숭문당(崇文堂 / 崇: 높일 숭. 文: 글월 문. 堂: 집 당)은 명정전의 뒤쪽에 있는데, 편액의 뜻은 학문을 숭상한다는 의미다. 이곳에서는 학문을 숭상하였던 영조가 태학생[성균관 유생]들을 접견하고 자주 주연을 베풀었다고 하는데, 영조실록의 영조대왕 행장(行狀)에 다음과 같이 나와 있다.

 11월에 왕께서 서울 선비가 태학(太學)에 들어가 거재(居齋)하기

숭문당

를 좋아하지 않는 것을 민망히 여겨, 명하여 상재생(上齋生)의 액수 1백 인에 맞추어 늘리고 회찬(會饌) 하루를 1점(點)으로 하여 50점에 차면 반시(泮試, 성균관 유생에게 보이는 시험)에 나아갈 수 있도록 하게 하셨다. 드디어 강제절목(講製節目)을 만들어 태학에 명하여 준행(遵行)하게 하고, 이튿날 숭문당(崇文堂)에서 태학생을 소견하여 말씀하기를, "선조(先朝)에서 이 당을 세우고 숭문이라 이름 붙인 것은 문(文)을 숭상하기 위한 것이고, 이제 이 당에서 너희들을 만나는 것도 문을 숭상하는 뜻이다." 하셨다.

원래 성균관의 유생은 매일 아침과 저녁 식사 때마다 식당에 비치된 명부인 도기(到記)에 서명을 하면 원점(圓點. =회찬) 1점을 얻었다. 원칙적으로 원점 300점을 취득한 자에게만 반시 또는 관시(館試. 성균관 유생만이 응시할 수 있는 특전을 준 문과 초시)에 응시할 자격을 주었는데, 영조때 이르러 원점을 50점으로 완화한 것이 행장에 기록되어 있는 것이다. 숭문당과 관련하여 관심이 가는 정조실록 기사가 하나 또 있다.

정조 12년(1788) 12월 3일
대신과 비변사 당상을 불러 조덕린의 일에 관해 논의하다
대체로 이윤욱(李允郁)이 처음으로 조진도를 과방에서 삭제하기를 청하는 것으로 당시 소조(小朝)에 상소했을 때 '경솔히 의논하기 어려움이 있다.'는 것으로 대답하였으니, 이것은 먼저 대조(大朝)에 여쭌 뒤에 답을 내린 것이었다. 1월 5일 숭문당(崇文堂)에서 있은 조참(朝參)에 입시(入侍)했을 때에 곧 '의리가 삼엄하니 아뢴 대로 시행하라.'는 전교를 내리셨다. 그런데 선대왕께서는 이미 조덕린의 억울함을 분명하게 밝히고 조덕린을 우대하셨으며 또 죄명을 씻어주라고 명하셨고 보면, 을해년에서 경진년은 가까운 기간이니, 진도를 과거에서 삭제하라고 명하신 것이 어찌 선대왕의 본의였겠는가.

위의 실록기사에서 우리가 주목해야 하는 사람은 조덕린과 조진도라는 두 사람과 아울러, 소조와 대조라는 두 사람이다. 원래 소조(小朝)와 대조(大朝)라는 용어는 대리청정 상황에서 세자와 왕을 가리

키는 용어다. 여기서 소조는 사도세자를 가리키고 대조는 영조를 가리키는데, 대조에 여쭌 뒤에 소조가 답을 내렸다는 뜻은 사도세자가 영조의 뜻을 물어 답을 내렸다는 뜻이며, 그 사안은 조진도의 과방 삭제건이었다.

조진도(趙進道)는 1759년(영조 35) 증광별시에 합격한 뒤 전시(殿試)에서 전강(殿講)에 뽑혔는데, 노론 김상로, 홍계희 등의 모략으로 조선 역사상 최초로 급제를 취소당하는 황당한 일을 당했다. 조진도가 15세 때 조부였던 조덕린은 서원 남설을 반대하는 상소를 올렸는데, 그 상소에는 노론을 비난하는 내용이 담겨있어서, 노론의 탄핵을 받고 삭탈관직되어 제주로 유배가던 중, 강진에서 죽었다.

그런데 조진도가 급제할 당시까지도 조덕린의 관직이 아직 회복되지 않았기 때문에, 노론 벽파인 김상로와 홍계희는 죄인 조덕린의 손자 조진도가 대과에 급제한 것을 부당한 일이라며 문제 삼았고, 급제를 확인해주는 합격증인 홍패(紅牌)를 거두어 가버렸다. 정조는 이 문제에 대한 영조의 과거 발언을 근거로 이 사건을 바로잡아, 1788년에 조덕린의 관직을 회복시키고, 동시에 조진도에게도 홍패를 돌려주었다.

영조는 단식투쟁, 선위 파동 등으로 정치적 목적을 달성했다

그러나 이 실록기사에서 우리가 더 주목해야 하는 부분은 조진도 사건이 아니라, 사도세자의 대리청정 사건이다. 대리청정은 섭정과 비슷한 개념으로, 왕세자[혹은 왕세손]가 왕을 대신하여 국무를 맡는 것을 말한다. 이때 대리를 하는 세자(세손)는 소조(小朝), 왕은 대조(大朝)

라 칭하여 구분했는데, 원칙적으로는 왕의 건강이 위중해서 업무를 제대로 볼 수 없는 경우에 실시하면서, 아울러 후계자에 대한 실무 성격의 제왕교육을 통해 왕위승계의 정당성을 주기 위함이 목적이었다.

그러나 현실에서는 대리청정을 현재의 국왕이 후계자의 역량을 확인하거나 또는 꽉 막힌 정치국면을 전환시키는 방법 등으로도 자주 활용하였다. 그런 이유 때문에 대리청정을 수행하는 후계자의 입장에서는 항상 긴장의 연속이었다. 따라서 대리청정의 명이 떨어지면, 받아들이는 입장에서는 대리청정의 목적이 진짜 왕위승계를 위함인지 또는 충성심을 시험하기 위함인지를 모르기 때문에, 일단 무조건 석고대죄를 하며 어명을 거둬줄 것을 주청했다.

영조 30년(1754) 12월 2일
대사간 신위를 귀양 보내고 천극을 가하다
…(전략)… 왕세자가 관을 벗고 시민당(時敏堂) 앞뜰 벽돌 위에서 석고대죄하고 있다가 승지로 하여금 아뢰게 한 말이 있으므로, 심수가 청대(請對)하여 임금에게 아뢰기를,
"세자가 대명(待命)하면서 신으로 하여금 아뢰게 하기를, '신은 이미 불민하여 군국(軍國)을 대리할 수 없으니, 대리하라는 명을 도로 거두소서.' 하였습니다." …(후략)…

특히 영조는 노골적으로 대리청정을 정치적인 목적으로 활용하였으며, 그 이외에도 선위파동[양위파동], 단식 등의 방법을 정치적으로

자주 이용했는데, 1739년(영조 15)부터 1757년(영조 33)까지는 무려 8차례에 걸쳐 정치적인 선위파동을 벌였다. 뿐만 아니라, 단식이나 병을 핑계로 주위나 신하들의 뜻을 꺾으려 했는데, 이를테면 오늘날의 태업이나 파업, 단식투쟁과 마찬가지였다. 하지만 대리청정을 사도세자에게 맡기며 세자의 효를 시험하고, 아울러 신하들의 충성을 시험하려 했던 영조의 의도와는 달리, 무리한 대리청정은 사도세자에게 극심한 스트레스를 주었고, 결국 정신병의 악화라는 최악의 결과를 초래하고 말았다.

영조 19년(1743) 2월 9일
조현명이 먼저 약원의 입진 허락과 자신들을 죄줄 것을 청하다
…(전략)… 합문(閤門)을 닫고 수라를 물리침은 전하께서 스스로 그것이 잘못인 줄 아시고 뉘우치신 지 이미 오래 되었습니다.
…(후략)…

영조 28년(1752) 12월 17일
대왕대비전과 하교의 부당함에 대해 논의하다
…(전략)… 그런데 3일이 지나도록 궁으로 돌아가지 않았고, 주상이 이미 수라를 들지 않으니 내 어찌 차마 들 수가 있겠소?
…(후략)…

영조 40년(1764) 5월 17일
신만·홍봉한·윤동도 등이 연명하여 옥당의 차자에 대해 상소하다

…(전략)… 나는 익히 보아왔는데, 나는 믿지 못하겠다. 지난번 수라를 물리치고 합문을 닫았을 때에 어찌 다시 당(黨)이 있었겠는가마는 오히려 전일과 같았다. …(후략)…

조선왕조에서 대리청정은 총 7차례가 있었다.

세종 - 문종(8년) / 선조 - 광해군(6개월) / 인조 - 소현세자(3개월) / 숙종 - 경종(3년) / 영조 - 사도세자(14년) / 영조 - 정조(3개월) / 순조 - 효명세자(4년)

문종의 경우는 후계자 교육과 왕위승계까지 완벽하게 제대로 이루어진 사례로 대리청정의 모범사례였다. 그리고 정조와 효명세자의 경우도 대리청정의 본래 목적에 맞게끔 시행되었다는 평가를 받는다. 광해군과 소현세자의 경우에는 임진왜란과 정묘호란이라는 국가 비상사태로 인해 조정을 둘로 쪼갠 뒤, 분조를 이끌고 활동해야 했기에 어쩔 수 없이 대리청정이 필요했다.

이에 반해, 경종은 그야말로 100% 정치적 목적으로 대리청정이 이루어진 경우였는데, 요컨대 대리청정에서 조금이라도 허점을 보이면 세자 지위를 뺏으려 했던 것이다. 그러나 부왕이었던 숙종이 급작스럽게 승하하는 통에, 대리청정 미끼를 던졌던 노론은 엄청난 정치적 후폭풍을 겪어야 했다.

한편 사도세자는 대리청정 기간이 무려 14년이나 되었다. 하지만 실질적으로 대리를 한 기간은 훨씬 짧았는데 그 이유는 세자가 병을 이유로 정무를 기피한 시간이 많았기 때문이다. 게다가 영조는 사도세자에게 제대로 된 대리청정을 시킨 것이 아니라, 세자를 허수아비로 세워놓고 자신이 다 결정을 해 버렸기 때문에, 사실상 아무 의미 없는 대리청정이었다. 오히려 대리청정을 통해 사도세자의 정신세계만 황폐화시켜버리는 최악의 결과만을 초래했을 뿐이다.

함인정

혜경궁 홍씨는
왜 대비가
아닐까?

정조의 어머니 혜경궁은 왜 대비가 아닐까?

  함인정(涵仁亭 / 涵: 젖을 함. 仁: 어질 인. 亭: 정자 정)은 인조가 지은 건물로, 원래 인왕산 아래에 있던 인경궁의 함인당을 옮겨 지어 함인정이라 한 것이다. 영조실록에서는 이곳에서 영조가 문무과에 급제한 사람들을 접견하는 곳으로 사용하였다고 한다. 정조때에는 아버지 사도세자와 어머니 혜경궁 홍씨에게 존호를 올리는 의식과 절차를 이곳 함인정에서 익힌 것으로 기록되어 있다.

정조 7년(1783) 3월 21일
존호 올리는 의절을 함인정에서 익히다
경모궁과 혜경궁에 존호를 올리는 의식과 절차를 함인정(涵仁亭)에서 익혔다.

정조의 생모인 혜경궁 홍씨는 많은 사람들이 기억하는 인물이다. 그런데 국왕의 생모임에도 불구하고 혜경궁 홍씨를 대비라고 부르지 않는다. 그 이유는 무엇일까? 전통적으로 조선왕실에서 국왕의 정실 어머니를 일컫는 칭호는 대비(大妃), 자전(慈殿) 또는 자성(慈聖)이었다. 대비는 큰 왕비란 의미로서 며느리인 왕비보다 윗분이라는 뜻이며, 자전은 자애로운 어머니가 사시는 궁전, 그리고 자성은 자애롭고 신성하신 분이라는 뜻이다. 한편, 현왕의 생모는 맞지만, 전왕의 왕비가 되지 못했던 여성에게는 자전(慈殿) 대신에 자궁(慈宮)이라고 하여 구별했다.

혜경궁 홍씨는 생전에 끝내 남편인 사도세자가 국왕으로 추증되지 못했기 때문에, 결국 혜경궁은 대비가 되지 못했다. 뿐만 아니라 아들 정조가 사도세자의 이복형인 효장세자의 아들로 입적되면서, 법적으로는 국왕의 어머니조차 아니었다. 따라서 정조는 궁여지책으로 '자궁'이라는 칭호와 함께 실질적으로는 왕대비 정순왕후 김씨보다는 낮지만, 중전 효의왕후 김씨보다는 높은 대우를 하여, 결과적으로 대비에 준하는 대접을 함으로써 어머니 혜경궁을 위로했다. 정조는 즉위하자마자 어머니에게 혜경궁이라는 궁호를 올렸다.

함인정

정조 즉위년(1776) 3월 10일
혜빈을 혜경궁으로 삼았으며 빈궁을 왕비로 삼다
왕비를 높이어 왕대비로 삼고, 혜빈(惠嬪)을 혜경궁(惠慶宮)으로
삼았으며, 빈궁(嬪宮)을 책립하여 왕비로 삼았다. …(후략)…

혜경궁은 영풍부원군 홍봉한의 딸로서 1744년 10살의 어린 나이로 동갑내기 사도세자와 혼인하였다. 슬하에 자녀로는 2남2녀를 두었는데, 3살에 요절한 의소세손과 정조, 청연공주, 청선공주가 있었다. 남편인 사도세자가 죄인의 신분으로 폐서인 되어 죽자, 궁궐에 있을 명분이 없어서서 친정으로 가야만 했는데 다행히도 사도세자가 복위되어 왕세자의 호를 회복하였기 때문에 곧바로 다시 궁궐로 돌아올 수 있었다.

영조 38년(1762) 윤5월 13일
세자를 폐하여 서인으로 삼고, 안에다 엄히 가두다
…(전략)… 드디어 세자를 깊이 가두라고 명하였는데, 세손(世孫)이 황급히 들어왔다. 임금이 빈궁(嬪宮)·세손(世孫) 및 여러 왕손(王孫)을 좌의정 홍봉한의 집으로 보내라고 명하였는데, 이때에 밤이 이미 반이 지났었다. 임금이 이에 전교를 내려 중외에 반시(頒示)하였는데, 전교는 사관(史官)이 꺼려하여 감히 쓰지 못하였다.

영조 38년(1762) 윤5월 21일
사도 세자가 훙서하다. 왕세자의 호를 회복하다
…(전략)… 또 전교하기를,
"이제 이미 처분하였던 바 빈궁(嬪宮, 혜경궁)은 효순(孝純, 효장세자의 부인, 정조의 양어머니)과 같으니, 구인(舊印)을 사용해서는 안된다. 혜빈(惠嬪)이란 호를 내려 일체로 옥인(玉印)을 내리고, 조정은 정후(庭候)하라." 하였다.

정조를 두 번씩이나 차버린 일개 궁녀는 결국 ... 후궁이 되었다

한편, 혜경궁은 아버지 홍봉한의 청지기 성윤우의 딸 '성덕임'을 궁녀로 거두어 직접 길렀다고 한다. '덕임'이 입궁한 해는 마침 사도세자가 죽은 임오년이었다. 덕임이 임오화변 이전에 입궁 했는지 아니면 이후에 입궁 했는지 정확히 알 수는 없지만, 혜경궁이 남편을 잃은 상황에서 '덕임'을 친히 길렀다는 점은 혜경궁이 덕임을 얼마나 아꼈는지 추측할 수 있는 대목이다. 이 '덕임'이라는 궁녀는 훗날 정조의 후궁이 되는 '의빈 성씨'다. 정조시대를 다룬 '이산'이라는 TV사극에서는 도화서에서 일하는 성송연이라는 인물로 등장했지만, 그 이름은 드라마를 위해 각색된 것이며, 본명은 성덕임이 맞다.

정조가 직접 지은 어제의빈묘지명(御製宜嬪墓誌銘)에 따르면 1766년, 당시 세손이던 15살의 정조는 의빈(덕임)에게 승은을 내리려고 했다. 하지만 덕임이 울면서 효의왕후(당시는 세손빈)가 아직 아이를 낳고 기르지 못하는 상황에서 감히 승은을 받을 수 없다고 죽음을 맹세하면서 사양했다고 한다. 궁녀가 승은을 거부하는 일은 죽음으로서 죗값을 치러야 할 큰 죄였다. 하지만 정조는 덕임의 뜻을 받아들이고 더는 재촉하지 않았다.

시간이 흘러 1776년 정조는 즉위했는데 그때까지도 중전인 효의왕후에게서 후사가 없자, 1778년 왕대비인 정순왕후는 정조에게 후사를 위해 후궁을 간택하라는 명을 내렸다. 이에 원빈 홍씨(홍국영의 여동생)와 화빈 윤씨가 간택 후궁으로 입궁했으나 원빈은 1년 만에 급작스럽게 사망했고, 화빈 역시 후사가 없었다. 그러자 정조는 덕임에게 처음 승은을 내리려다 거절당한지 15년 만에 다시 덕임에게 승은을 내리려고 했다. 하지만 덕임은 이번에도 또 사양했다. 이에 정조는 덕임의 시종[궁녀들은 윗전을 모시느라 바빠서 정작 자신들의 의식주나 청소 등은 무수리 등 시종에게 맡겼다고 한다]을 크게 꾸짖고 벌을 내리고서야 덕임은 마침내 정조의 승은을 받아들였다.

"처음 승은을 입을 기회가 있었으나 내전[효의왕후]이 아직 아이를 낳고 키우지 못했으니 울면서 못한다고 사양하고, 죽음을 맹세하고 명을 따르지 않았다. 나[정조]는 이를 받아들여 더는 재촉하지 않았다. 이후 15년 동안 후궁[원빈 홍씨, 화빈 윤씨]을 뽑았고 다시 의빈에게 명하였지만, 또 사양했다. 결국 하인을 꾸짖고 벌을 내리고 나서야 명을 따랐다. 이후 임신하여 임인년 9월에 왕세자가 태어났다. 이에 소용[정3품]이 되었고, 아들의 귀함 덕분에 의빈[정1품]이 되었다" - 어제의빈묘지명(御製宜嬪墓誌銘)

정조는 일개 궁녀였던 덕임(의빈)에게 2차례나 거절당하는 걸 감수하면서까지 15년이라는 긴 세월을 기다렸다. 정조의 입장에서는 신분상 자신이 원하는 여자는 강제로라도 후궁으로 삼을 수 있었음에도 불구하고, 덕임이 자신을 기다리게 만든 점에 대해서는 끝내 벌하지 않았다는 점을 감안하면, 얼마나 덕임에 대한 사랑이 깊었는지 짐작할 수 있다. 결론적으로 의빈은 정조가 평생 동안 유일하게 자의적으로 선택한 여인이 되었다.

1782년 9월 7일 의빈은 창덕궁 연화당에서 문효세자를 낳았다. 그러나 1786년(정조 10년) 5월 11일에 문효세자가 5살의 어린 나이에 홍역으로 요절하였고, 같은 해 9월 14일에는 의빈 성씨마저도 셋째를 임신한 상태에서 해산달에 이르러 사망하였다. 정조는 의빈의 사후, 이례적으로 아들 문효세자와 나란히 묻힐 수 있도록 해주었는데, 본래 후궁보다는 세자가 된 후궁의 자식이 신분이 더 높기 때문에, 이는 매우 파격적인 일이었다. 의빈이 아들 문효세자와 함께 묻힌 무덤에 내려진 이름은 효창원이었다.

> 정조 10년(1786) 6월 20일
> 문효세자의 묘호를 문희로, 묘를 효창이라고 정하다
> …(전략)… 드디어 묘(廟)를 문희(文禧)로, 묘(墓)를 효창(孝昌)이라고 하였다.

그러나 일제강점기 때 효창원이 효창공원으로 격하되면서, 지금은 경기도 고양시의 서삼릉으로 이장되었다. 때문에 아들과 어머니를 사이좋게 나란히 묻히게 하려고 했던 정조의 배려는 완전히 무시되어, 문효세자는 큰아버지인 의소세자[의소세손. 정조의 친형]와 나란히 묻혀 있고, 의빈 성씨는 효창원에서 약 2km 떨어진 후궁묘역에 묻혀 있다.

▪▪ 뱀의 발
승은과 성은의 차이

 승은(承恩) [명사]
 1. 신하가 임금에게서 특별한 은혜를 받음.
 2. 여자가 임금의 총애(寵愛)를 받아 임금을 밤에 모심.

성은(聖恩) [명사]

1. 임금의 큰 은혜.

- 성은에 감읍하다.

- 성은이 망극하옵니다.

내 전
일 원

경춘전

인수대비가 서열 2위가 되기까지

내전 중에서 유일하게 동향을 하고 있는 경춘전

　경춘전(景春殿 / 景: 볕 경, 春: 봄 춘, 殿: 전각 전)은 정면 7칸 측면 4칸의 팔작지붕 건물이며, 전면 중앙칸을 퇴칸으로 개방한 구조를 하고 있다. 원래 양끝쪽 2칸씩은 온돌이 설치되어 있었으나, 일제강점기 때 창경궁이 창경원으로 격하되면서 전시실 용도로 구조가 변경되는 바람에 지금은 바닥전체가 마루로 되어 있는데, 원래 침전으로 사용하던 건물인 만큼 옛 모습 그대로 복원할 필요가 있다.

　원래 창경궁이 대비를 위한 궁궐로 처음 설계된 만큼 이 경춘전

경춘전

도 왕실 여성들의 주된 생활공간이었는데, 내전의 다른 전각들과는 달리 유일하게 명정전과 같은 동향을 하고 있어서, 건물의 위상이 다른 건물에 비해 더 높음을 은연중에 나타내고 있다. 동궐도를 살펴 보면, 내전 건물 중 이 경춘전 앞마당에만 중앙부분에 전돌이 깔린 점도 그런 해석을 가능하게 해 준다. 이 경춘전에서는 성종의 생모인 소혜왕후 한씨[인수대비], 숙종의 제1계비인 인현왕후 민씨, 정조의 생모인 헌경왕후 홍씨[혜경궁]가 세상을 떠났다. 또한 사도세자와 혜경궁 홍씨가 오랜 기간 이 경춘전에서 함께 머문 탓에 정조가 이곳에서 태어났으며, 정조의 증손자인 헌종도 이 곳에서 태어났다.

연산 10년(1504년) 4월 27일

인수왕대비의 졸기

술시(戌時)에 인수왕대비(仁粹王大妃)가 창경궁 경춘전(慶春殿)에서 훙서(薨逝)하였다.

소혜왕후하면 잘 몰라도, 인수대비하면 아! 하는 사람들이 많을 것이다. 소혜왕후는 세조의 장남인 의경세자의 부인[세자빈]이었으나 의경세자가 왕위에 오르지 못하고 요절하자, 세자빈의 신분에 그쳐야만 했다. 그러다 자신의 차남인 자을산군이 예종의 뒤를 이어 조선 제9대 임금인 성종으로 등극하면서 생부인 의경세자를 덕종으로 추존하자, 자동적으로 덕종비로 추존되어 소혜왕후라는 이름을 받았다. 하지만 그 보다는 임금의 모후로서 인수대비가 되었기 때문에 일반인들에게는 인수대비로 훨씬 더 많이 알려졌고, 특히 연산군의

동궐도 경춘전과 환경전 부분 [동아대학교박물관]

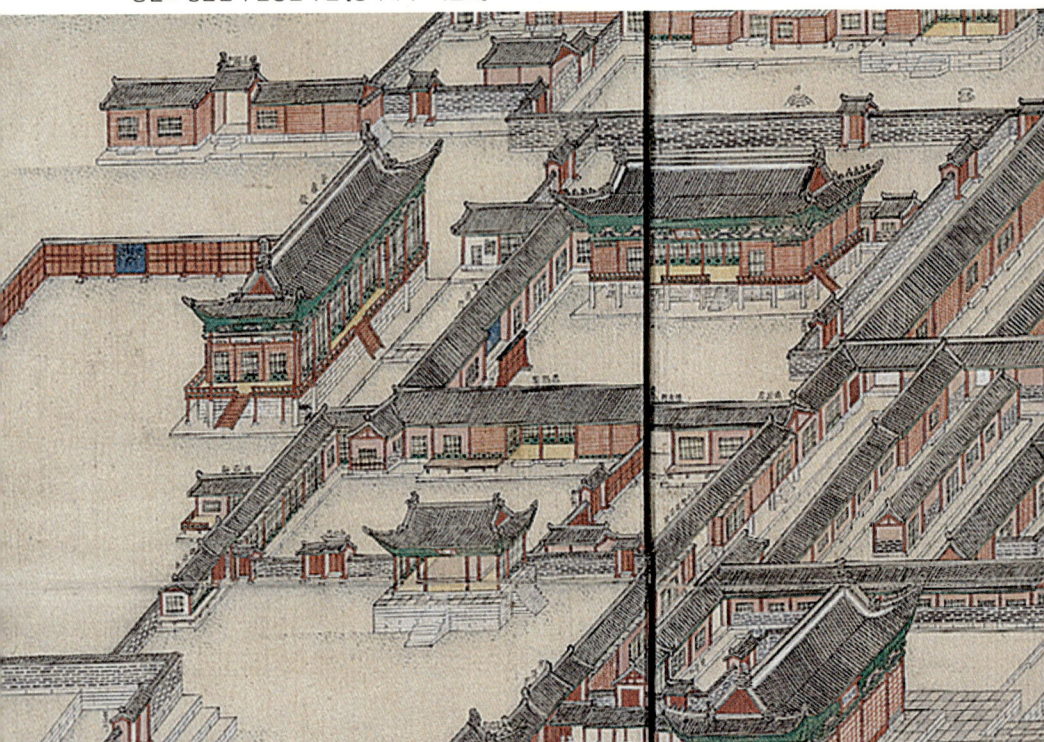

친할머니였기 때문에 연산군 시대를 배경으로 한 TV사극의 단골손님이 되다보니, 인수대비라는 이름이 일반인들에게 더 많이 각인되는 효과를 거두었다.

소혜왕후(인수대비)의 사저는 훗날 덕수궁이 된다

소혜왕후의 아버지 한확은 당시 손꼽히는 세도가였다. 그런데 한확의 큰 누이와 막내 여동생은 명나라의 공녀로 차출되어 가게 되었고, 각각 명나라 제3대 영락제와 제5대 선덕제의 후궁이 되었다. 그러니 소혜왕후에게는 명나라의 황제가 큰 고모부와 작은 고모부가 되는 셈이다. 그중 큰 고모는 영락제가 사망하자 함께 순장되는 비극을 당하게 되었지만, 작은 고모는 그나마 다행히도 태비로서 천수를 누리게 되었다.

세종 9년(1427) 5월 1일
진헌할 처녀로 간택된 한영정의 막내딸
처녀 한씨는 한영정의 막내딸이다. 맏딸은 명나라 태종 황제의 궁에 뽑혀 들어갔다가, 황제가 죽을 때에 따라 죽었다. 창성과 윤봉이 또 막내딸이 얼굴이 아름답다고 아뢰었으므로, 와서 또 뽑아 가게 되었는데, 병이 나게 되어 그 오라비 한확이 약을 주니, 한씨가 먹지 않고 말하기를,
'누이 하나를 팔아서 부귀가 이미 극진한데 무엇을 위하여 약을 쓰려 하오.' 하고, 칼로 제 침구(寢具)를 찢고 갈마두었던 재물을 모두 친척들에게 흩어 주니, 침구는 장래 시집갈 때를

위하여 준비했던 것이었다.

소혜왕후 한씨는 왕세자빈 시절에는 궁궐에서 살았으나, 남편 의경세자가 죽자 그 지위를 잃게 되어, 두 아들(월산대군, 자을산군)과 함께 출궁해야만 했다. 혜경궁 홍씨도 남편인 사도세자가 폐서인되어 뒤주에 갇히게 되자 세자빈의 지위를 잃게 되어 곧바로 출궁 당하게 되었다가, 사도세자가 죽고 난 뒤 영조가 사도세자의 신분을 회복시키자, 곧바로 다시 궁궐로 들어올 수 있었다.

남편을 잃은 세자빈을 안타깝게 여기던 시아버지 세조는 맏며느리 한씨에게 특별히 궁궐에서 살아도 좋다고 하였음에도 불구하고, 한씨는 이를 사양하고 두 아들을 데리고 궁궐을 떠났다. 그러자 세조는 그녀를 위해 특별히 집을 지어주었는데, 그곳이 바로 오늘날의 덕수궁 자리였다. 그 집은 한씨의 죽은 남편인 의경세자 사당 옆에 건설되었는데, 일반적인 고위 사대부나 왕족이 살던 사저보다도 규모가 훨씬 더 크고 웅장했다. 그래서 훗날 선조가 임진왜란 중에 피난갔다가 한양으로 되돌아왔을 때, 모든 궁궐이 불탄 뒤라 거처할 곳이 마땅치 않자, 임시 거처로 그 곳을 사용하기에 이른다.

한편 한씨의 차남 자을산군이 보위에 올라 성종이 되니, 그녀도 임금의 모후로서 다시 궁궐에 들어가게 되었고, 자연스럽게 그녀의 장남 월산대군이 사저를 물려받았다. 그 이후로 그 집은 월산대군의 사저로 불리게 되었다.

소혜왕후의 시아버지 세조는 뜻밖에도 한씨의 시동생인 해양대군에게 양위하고 곧 승하하였는데, 그가 바로 조선 제8대 임금 예종이다. 종법에 따른 왕위계승 서열에서 보자면 해양대군은 의경세자의 장남 월산대군보다는 후순위였으나, 당시 해양대군의 부인이 한명회의 셋째 딸이었던 관계로, 당대 최고의 권신이었던 한명회의 입김이 많이 작용했음을 충분히 미루어 짐작할 수 있다.

세조 3년(1457) 11월 10일
한명회·구치관을 명에 보내 해양대군을 세자로 봉해줄 것을 청하다
이조판서 한명회(韓明澮)와 예조참판 구치관을 명나라에 보내서 해양대군을 세자로 봉하여 줄 것을 청하고, 겸하여 해청(海靑)

덕수궁 전경

과 토골(兎鶻, 매의 일종)을 바쳤다. 그 주본(奏本)에 이르기를, "신(臣)의 세자 이장(李暲)이 천순(天順) 원년 9월 초2일에 병으로 죽었습니다. 둘째 아들 이황(李晄)은 이장(李暲)의 모제(母弟)로서 현재 나이 9세인데, 나라 사람들이 세자로 삼기를 청하므로 신이 감히 독단하지 못하고 이를 위하여 삼가 갖추어 아룁니다."

그러나 시동생 예종마저도 재위기간 15개월만에 갑작스럽게 죽자[예종의 재위기간을 1년 2개월로 알고 있는 경우가 많으나 중간에 윤달(1469년 윤2월)이 끼어 있어 1년 3개월 재위가 맞다], 조정에서는 왕위 계승을 둘러싸고 논의가 있었다. 종법에 따르면 마땅히 예종의 맏아들이 되는 원자(제안대군)가 보위에 올랐어야 했으나, 원자의 나이가 겨우 3살밖에 되질 않았을 뿐더러, 소혜왕후 한씨의 차남인 자을산군의 부인 또한 한명회의 넷째 딸이었던 점이 강력하게 작용하여, 왕실의 최고 어른이신 대왕대비 윤씨(정희왕후)와 원상 신숙주, 한명회 등의 결정으로 자을산군이 보위에 오르게 되니, 그가 바로 조선 제9대 임금 성종이다.

소혜왕후가 정식 대비가 되는 험난한 과정

소혜왕후 한씨는 자신의 아들 자을산군이 성종으로 왕위에 올랐지만, 정작 그녀는 아들의 문안 인사를 받지 못했다. 임금의 모후이기 때문에 마땅히 문안 인사를 받아야 했지만, 성종은 생부(生父)인 의경세자가 아닌, 작은 아버지 예종의 양아들로 입적하여 왕위를 이었기 때문에, 법적으로는 예종의 계비(두번째 왕비)인 인혜왕대비(안순왕후)가 어머니였다. 따라서 소혜왕후 한씨는 성종의 어머니로 인정받지 못한 것인데, 이는 마치 정조의 생모 혜경궁 홍씨와도 비슷한 처지였다. 당시 정조도 사도세자의 후사로서 왕위를 이은 것이 아니라, 어린 나이에 요절했던, 세도세자의 이복형 효장세자의 양아들로 입적하여 왕위를 이었다.

따라서 소혜왕후는 당시까지만 하더라도 그저 의경세자의 부인으로서 세자빈에 불과했기 때문에, 아무리 친아들이라 하더라도 군신관계의 신분상 국왕의 신하에 해당하여, 문안인사를 받지 못한 것이었다. 다만 국왕의 생모라는 것 때문에 궁궐에서 살 수는 있었고, 또한 그녀의 궁호를 붙여주었으니 수빈궁(粹嬪宮)이라 했다. 만약 여기에서 끝났다면 아마도 정조의 생모 '혜경궁 홍씨'처럼, 평생을 '수빈궁 한씨'로 살아야만 했을 것이다.

국왕의 생모가 문안인사를 받지 못하는 초유의 사태가 벌어지자, 조정에서는 이 일을 해결하기 위해 논의가 일어났다. 문제는 한씨를 왕비로 추숭(추존)하느냐 아니면 왕대비[왕후]로 추숭하느냐에 있었고, 이는 그녀의 남편인 의경세자를 그냥 단순한 왕[의경왕]으로만 인정하느냐, 아니면 정식으로 종묘에까지 모시는 왕[조(祖)나 종(宗)처럼 묘호를 붙임]으로 추존하느냐와 직결되는 문제였다.

　　성종 1년(1470) 1월 18일
　　신하들이 의경세자를 추숭하는 일과 수빈의 칭호에 대해 논의하다

　　성종 1년(1470) 1월 22일
　　의경 세자의 시호·묘호·능호와 수빈의 휘호를 정하다

…(전략)… 전교(傳敎)하기를,

"장순빈의 시호는 휘인소덕 장순왕후(徽仁昭德章順王后)로 하고, 능호는 공릉(恭陵)으로 하고, 의경세자의 시호는 온문의경왕(溫文懿敬王)으로 하고, 묘호는 의경묘(懿敬廟)로 하고, 능호는 경릉(敬陵)으로 하고, 수빈의 휘호는 인수왕비(仁粹王妃)로 일컬어 올리도록 하라." …(후략)…

조정에서의 논의 결과 한씨를 왕비(인수왕비)로 추숭하는 것으로 1차 결론이 났다. 좀 더 정확히 말하자면 의경세자를 '의경왕'으로만 추존하고, 종묘에는 모시지 않는 것으로 결론이 났다. 이 당시는 조선의 제2대 임금인 정종도 묘호가 없이 그냥 '공정대왕'이라고만 불렸는데, 제대로 된 왕으로 인정받지 못했다는 뜻이다. 정종은 숙종 7년이 되어서야 단종과 함께 종묘에 모셔지고 묘호를 받았다. 따라서 왕비가 되어 군신관계에서 대등한 입장이 되었기 때문에 아들인 성종의 문안인사를 받을 수는 있게 되었으나, 이는 완벽한 결론이 아니었다.

당장 예종의 계비였던 인혜왕대비(안순왕후)와의 서열문제가 대두되었다. 성종의 입장에서는 할머니인 대왕대비 윤씨(정희왕후), 법적인 어머니인 인혜왕대비 한씨(안순왕후), 그리고 생모인 인수왕비, 이렇게 세 분의 왕실 웃어른이 계신 상황이었다. 왕실 서열 1위야 누가 봐도 대왕대비로 정해져 있었지만, 서열 2위에 대해서는 논란이 있었다.

명분만으로 본다면 인혜왕대비는 실제 왕비자리에도 있었고, 또한 사후에는 종묘에도 정식으로 모셔질 '왕후'였으며, 법적인 국왕의 모친이었던 반면에, 인수왕비의 경우, 실제로는 세자빈에 불과했었고, 사후에도 종묘에 모셔질 것이 정해지지 않은, 단순 '왕비'에 불과했기 때문에, 국왕의 생모라 하더라도 서열에서는 밀릴 수 밖에 없었다. 그러나 대왕대비는 이 상황을 단칼에 정리해 버렸으니, 형제의 서열로 장남인 의경세자를 차남인 해양대군에 앞세움으로써, 인수왕비가 서열 2위가 되었다.

성종 3년(1472) 2월 20일
대왕대비의 의지에 따라
인수대비의 위차를 왕대비 위에 두도록 하다
예조(禮曹)에 전지(傳旨)하기를,
"이제 의지(懿旨)를 받으니, '왕대비(王大妃, 안순왕후)의 서차(序次)가 일찍이 인수왕비의 위에 있었으나, 그러나 세조가 항시 인수왕비에게 명하여 예종을 보호하게 하고 시양(侍養)이라고 일컬었으며, 또 장유(長幼)의 차서(次序)가 있으니, 그 위차(位次)는 마땅히 왕대비(王大妃)의 위에 두어야 한다.'고 하였다." 하였다.

그러나 아직 풀지 못한 마지막 숙제가 하나 남아 있었으니, 그것은 의경세자가 정식으로 종묘에 모셔지지 못한 왕의 신분이라는 것이었다. 하지만 이것마저도 1474년에 드디어 성종의 의지로 의경왕(懿敬王)을 추봉(追封)하여 덕종(德宗)의 묘호를 받았고, 왕의 생모가 되는 인수왕비 또한 왕대비로 진봉되어 인수왕대비(仁粹王大妃)가 되었다. 사도세자도 정조가 살아있을 때 왕으로 추존되었다면, 혜경궁 홍씨도 왕비가 되어 대비의 존호를 받을 수 있었을 것이다. 그러나 사도세자를 왕으로 추존하려는 정조의 시도는 정적 관계에 있던 노론들의 벽에 부딪혀 좌절되었고, 혜경궁은 죽을 때까지 세자빈의 신분에 만족해야 했다. 사도세자가 왕으로 추존되는 것은 훗날 고종 때에 가서야 가능하게 되었다.

성종 6년(1475) 1월 6일
의경왕의 시호와 인수 왕비의 존호를 의논하게 하다
의정부·육조·춘추관의 2품 이상에게 명하여, 의경왕(懿敬王)의 시호와 인수왕비(仁粹王妃)의 존호(尊號)를 의논하게 하니, 여럿이 의논하기를,
"의경왕(懿敬王)은 마땅히 선숙공현온문의경대왕(宣肅恭顯溫文懿敬大王)을 더하고, 인수왕비(仁粹王妃)는 마땅히 인수왕대비(仁粹王大妃)를 더하소서." …(후략)…

이렇듯 성종은 세 분의 대비를 모시게 됨으로써 기존의 창덕궁만으로는 공간이 충분치 않게 되자, 창덕궁 바로 옆에 담을 경계로 하여 보조궁궐을 하나 더 만들게 되니, 이것이 바로 창경궁이다.

환경전

사도세자에게
한 약속을
뒤집는 영조

죽은 자를 위한 공간으로 많이 활용된 환경전

환경전(歡慶殿 / 歡: 기쁠 환, 慶: 경사 경, 殿: 전각 전)은 정면 7칸 측면 4칸의 팔작지붕 건물로, 내전 중에서도 임금의 침전, 즉 대전(大殿) 용도로 만들어졌다. 여기에 논란의 여지가 있는데, 일부에서는 통명전을 대전으로 보기도 한다. 환경전의 좌향은 남향이며, 동궐도를 참고할 때 원래는 남, 서, 북쪽에 행각을 두르고 동쪽에는 담장을 둘러서 독립된 구역을 설정하였지만, 현재는 주변 부속건물은 모두 없어지고 주건물만 남아 있다. 또한 경춘전과 마찬가지로 일제강점기를 거치면서 현재는 건물 바닥 전체에 마루를 깔아놓았기 때문에 옛 모습을 짐작하기 어려운 상태다.

  실록에서 환경전을 찾으면 국상이 발생했을 때, 혼전 또는 빈전으로 활용된 사례가 매우 많다. 바로 옆의 경춘전에서는 산실청이 설치되어, 정조나 헌종이 태어난 사례와는 대조적이다. 그 이유는 풍수지리로 설명될 수 있는데 경춘전의 뒤쪽에는 산줄기가 연결되어 생기로 충만한 지맥선이 건물 안으로 들어오지만, 환경전은 건물 뒤쪽에 연결되는 지맥선이 없다. 때문에 경춘전이 산 자를 위한 공간으로 활용된 반면, 환경전은 죽은 자를 위한 공간으로 활용된 것으로 해석할 수 있다.

환경전

숙종 즉위년 8월 25일

혼전을 창경궁 안의 환경전으로 정하다

정조 24년 6월 29일

왕대비가 빈전을 환경전으로 옮겨 정할 것을 명하다

순조 5년 1월 12일

빈전을 환경전에, 혼전을 문정전에 설치하게 하다

순조 15년 12월 15일

환경전을 빈궁으로 하도록 명하다

동궐도 환경전과 통명전터 부분 [동아대학교박물관]

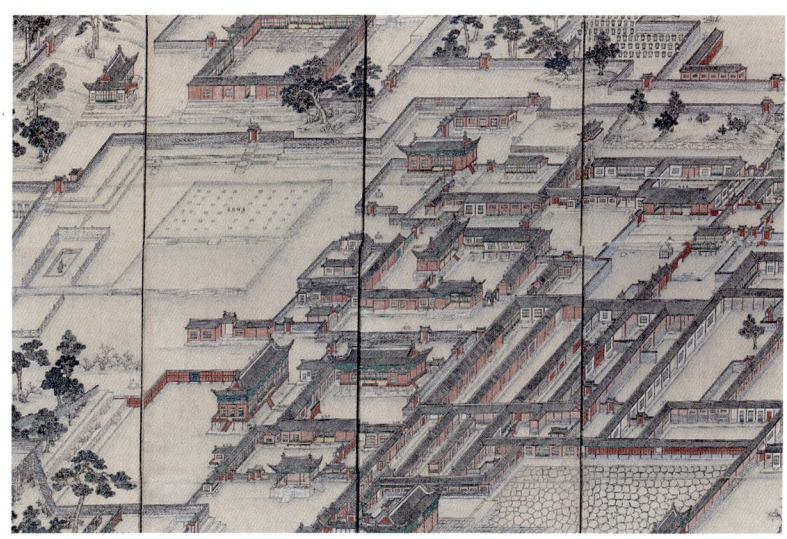

순조 21년 3월 9일
환경전에 빈전 등을 설치하다

순조 22년 12월 29일
빈궁을 환경전으로 정한 것에 대해 엄도와 권돈인이 상소를 올리다

헌종 15년 6월 8일
영상(靈床)을 환경전에 옮겨 봉안하다

철종 8년 8월 7일
대행 대왕대비전 영상(靈床)을 환경전으로 이봉하다

고종 즉위년 12월 8일
대왕대비가 빈전을 환경전으로 정할 것을 명하다

고종 15년 5월 12일
빈전은 환경전으로 하고 혼전은 문정전으로 하다

고종 19년 6월 10일
중궁전이 승하하여 빈전은 환경전으로 하다

사도세자에게 해도 해도 너무하는 영조

한편 환경전과 관련된 영조실록 기사 중에서 사도세자의 대리청정과 관련된 또 다른 기록이 있는데, 이 기록에는 영조가 어떤 식으로 사도세자를 몰아세웠는지를 자세하게 알 수 있다. 내용이 좀 길더라도 차분히 읽어가다보면 영조가 정말 해도 해도 너무한다는 느낌을 지울 수가 없다.

영조 25년(1749) 2월 16일
환경전에 나아가니 왕세자가 시좌하고 차대를 행하다
임금이 환경전(歡慶殿)에 나아갔는데 왕세자가 시좌(侍坐)하였고 차대를 행하였다. 임금이 말하기를,
"오늘은 곧 원량[세자]이 시좌하여 처음으로 정사를 여는 날이다. 품달하여 결정할 일이 있으면 원량에게 품달하라. <u>나는 앉아서 지켜보고자 한다.</u>" 하고, 이어 동궁에게 이르기를,
"무릇 여러 신하들이 아뢰는 일에 대하여 만약 '그렇게 하라[依爲之].'라는 세 글자로써 미봉적으로 대답한다면 반드시 잘못을 저지를 우려가 있다. <u>의심스러운 점이 있으면 반드시 대신에게 묻고 자신의 의견을 참작한 뒤에 결정하라.</u>" 하였다.
영의정 김재로가 함경 감사의 장달(狀達)에 의하여 아뢰기를,
"성진 방영(防營)은 도로 길주에 소속시키는 것이 편리합니다." 하고, 좌의정 조현명은 말하기를,
"육진(六鎭)으로 통하는 길은 모두 아홉 갈래가 있는데, 길주는 요충에 해당하지만 성진은 단지 세 갈래 길만 막을 수 있습니

다." 하였다. 동궁이 말하기를,
"방영을 비록 길주에 도로 소속시키더라도 성진에 역시 군졸이 있는가?" 하니, 김재로가 말하기를,
"진졸(鎭卒)이 있습니다." 하였다. 동궁이 말하기를,
"그렇다면 방영을 길주로 옮기는 것이 옳겠다." 하니, 임금이 말하기를,
"네 말이 비록 옳기는 하다만 당초 방영을 성진으로 옮긴 것은 이미 나에게서 나온 것인데, 길주로 다시 옮기는 것은 경솔하지 않느냐? 의당 먼저 대신에게 물어 보고, 또 나에게도 품한 뒤에 시행하는 것이 옳다."

일단 영조는 말의 시작부분에서 자신은 그저 앉아서 지켜보고만 있겠으니, 세자에게 반드시 대신에게 의심스러운 점을 묻고 난 뒤에, 세자 자신의 의견을 참작해서 결정하라고 주문을 했다. 이에 사도세자는 영조의 말을 그대로 좇아서 대신들에게 의견을 물었고, 누구나 당연하다고 생각하는 결론을 내렸다. 그러나 영조는 그것을 꼬투리 잡았다. 즉, 세자의 결정이 틀린 것은 아니지만, 그 사안은 자기가 먼저 결정한 것인데 왜 맘대로 바꾸느냐는 것이다. 결론적으로 영조는 '자신은 지켜보고만 있겠으니, 세자가 주위 의견을 들어본 뒤 스스로 결정하라'는 자신의 약속을 1분도 지나지 않아 스스로 뒤집는 행동을 한 것이다.

그러면서 이어지는 추가 발언으로 "너는 깊은 궁중에서 태어나 안락하게 자랐으니, 어떻게 임금 노릇하기가 어려운 줄을 알겠느

냐? 지금 길주에 관한 한 가지 일을 보니 손쉽게 처리해 버리는 병통이 없지 않다."라고 하면서 사도세자의 기를 완전히 죽여 버렸다. 이런 상황이면 사도세자는 솔직히 자기 생각으로 할 수 있는 일이 아무 것도 없었을 것이다. 그렇다면 영조는 왜 이렇게까지 사도세자를 몰아 세웠을까? 사실 영조와 사도세자는 처음부터 사이가 나빴던 것은 아니었다.

어려서는 영특했던 사도세자

사도세자는 영조가 장남이었던 효장세자를 잃고 난 이후 무려 7년이나 지나, 마흔 둘의 나이에 얻은 귀한 아들이었다. 그가 태어날 때 영조는 친히 세자의 생모 영빈 이씨의 출산 장면을 지켜보았을 정도였다. 또한 사도세자는 어려서부터 총명한 모습을 많이 보였다고 한다. 한중록에 기록된 여러 가지 에피소드도 많지만, 실록에까지 기록된 대표적인 것을 하나 예로 들면, 세자가 3살 때 다식을 받았을 때의 일이다. 세자는 다식판 중에서도 수(壽)자, 복(福)자가 박힌 과자는 먹고, 팔괘를 박은 것은 먹지 않았다. 이에 나인들이 "잡수소서."라고 권하자, "팔괘는 우주의 근본이니 아니 잡숫겠다."라고 대답했다고 한다. 그리고 팔괘를 만들었다고 전해지는 복희를 그린 책을 보고, "높이 들라."라고 하고는 절을 올렸다고 한다.

영조 13년(1737) 8월 11일
이광좌 등이 밤 3경에 관을 벗고 뜰에 엎드리다
…(전략)… 이 연석(筵席)에서 임금이 세자를 보도(輔導)하는 일에

대해 말하기를,

"궁중의 다식판(茶食板)에 팔괘(八卦)를 그려 새긴 것이 있는데, 내가 항상 어찌 먹을 수 있겠는가 여겨 일찍이 먹지 않았었다. 근래 세자 역시 그것을 먹지 않으므로 유모가 그 까닭을 물었는데 답하기를, '팔괘는 먹을 수 없는 것이다.'라고 하였으니, 그 영리한 자품(姿稟)이 이와 같다." 하였다.

또한 같은 해에 천자문을 배우던 중에 사치할 치(侈)자와 부유할 부(富)에 이르렀을 때다. 치(侈)자를 집어 들고 다시 자신이 입은 옷을 가리키며, "이것이 사치라."라고 하였다. 그리고 영조가 어릴 때 쓰던 감투 중에 칠보로 장식된 것을 씌우자, "사치라!"라고 거부했다. 그리고 돌때 입은 옷을 입히려 하자, 역시 "사치하여 남부끄러워 싫다."고 거부했다. 이에 세자를 모시던 나인들이 과연 세자가 사치의 개념을 제대로 알고 말하는 지가 궁금하여, 비단과 무명을 놓고 "어느 것이 사치고, 어느 것이 사치가 아니나이까?"라고 물었더니, 세자는 비단을 집어 들고 "이것은 사치라."라고 했고, 무명을 집어 들고는 "무명은 사치가 아니다."라고 하였다. 그러자 나인들이 "어느 것으로 옷을 지어 입으시면 좋으리이까?"라고 물었는데, 무명을 가리키며 "이것을 입어야 좋으리라."라고 답하였다. 이것은 한중록과 실록 양쪽 모두에 기록되어 있다.

영조 13년(1737) 9월 10일
영상이 동궁의 덕성 함양을 청하다

임금이 대신과 비국 당상(備局堂上)을 인견하였다. 영의정 이광좌가 말하기를,

"신들이 어제 동궁(東宮)을 뵈었는데 어린 나이에 예모(禮貌)가 조금도 어긋남이 없었으니, 경사스럽고 다행함이 어찌 끝이 있겠습니까? 3세에 진강(進講)함은 너무 이른 것을 면치 못하니, 오직 바라건대, 빨리 덕성을 함양해 온화하고 문아(文雅)함이 날로 성취되게 하소서." 하니, 임금이 이르기를,

"경의 말이 옳다. 근일에 문왕장(文王章)을 읽을 수 있게 되었고, 일찍이 명주와 무명베를 보고 사치와 검소를 구분하여 무명옷 입기를 청했으니, 매우 기특하다. 만약 잘 인도한다면 성취할 것을 바라겠으나, 나는 본래 학문이 없으니 오직 보도(輔導)하는 사람에게 기대할 뿐이다." 하였다. …(후략)…

이토록 어려서부터 총명한 세자다 보니 영조의 기대는 너무나도 클 수 밖에 없었는데, 아이러니하게도 이것이 비극으로 가는 시발점이 되었다. 영조가 사도세자를 얻은 나이는 이미 42세였다. 당시의 평균 기대수명이 40대 중후반이었고, 역대 조선임금들의 평균 수명 역시 그 수준을 벗어나지 못했기 때문에, 영조로서는 매우 시간에 쫓기는 심정이었을 것이다. 물론 결과적으로 영조가 조선왕조 최장수 왕이 되었지만, 그것을 당사자가 어떻게 예상할 수나 있었을까? 아무튼 영조는 최대한 빨리 세자에게 제왕수업을 시켜 완벽하게 준비된 세자로 만들고 싶어 했을 것이다.

3살 때까지만 해도 영조는 세자를 아끼며 하는 일마다 칭찬을 했

지만, 4살 때부터는 서서히 세자를 압박하기 시작했다. 영조는 어린 세자에게 소학과 학문에만 열중하도록 명을 내렸다. 그런데 세자는 사실 무인기질이 강했다. 그래서 성장하면서 글공부보다는 칼싸움이나 말타기에 열중하였고, 따라서 학문에는 점차 소홀하게 되었다. 세자는 전쟁놀이를 했음에도 글공부를 했다고 거짓말을 하다가 들통이 났는데, 영조는 심지어 몸소 세자의 처소까지 찾아가서 사도세자를 심하게 꾸중했다. 아마도 영조는 자신이 무수리의 자식이라는 콤플렉스가 있어서, 아들 사도세자만큼은 완벽한 제왕으로 만들고 싶다는 것이 그런 행동으로 표출되었을 것이다.

기대가 너무 컸던 탓에 영조는 어린 세자를 너무나도 엄격하게 키웠고, 세자는 이미 9살 때부터 영조 만나기를 두려워하는 모습을 보이기 시작했다. 특히 영조는 자신의 기대와 어긋나는 세자를 따뜻하게 타이르기보다는 여러 사람이 보는 앞에서 꾸중하거나 흉을 보는 등, 잘못된 훈육방식을 사용했다. 지속적으로 아버지의 호된 질책에 노출되자, 아버지를 두려워한 사도세자는 심지어 아는 것도 잘 대답하지 못했고, 이에 영조는 세자를 더욱 거칠게 질책하는 악순환에 빠졌다.

그런 상황 속에서 사도세자는 15세가 되는 1749년(영조 25) 영조의 강요로 억지로 대리청정(聽政)을 시작했다. 영조는 세자를 심히 못마땅하게 여기면서도 마땅한 대안이 없다는 이유만으로 세자에게서 대리청정을 거두지 않았다. 영조로부터 칭찬이나 격려는커녕, 호통과 꾸중을 들으면서도 세자는 세자된 책임으로서 대리청정을 수행하였으나, 극심한 스트레스를 겪어야 했다. 게다가 영조의 대리청정은 말이 대리청정이지 그저 정치적인 쇼에 불과했고, 진짜로 자기 일을 맡길 생각은 추호도 없었다. 1756년 2월 16일 영조는 사도세자가 비록 비답을 내리더라도 바로 반포하지 말 것을 지시했는데, 이는 대리청정을 명했으면서도 실제 주요한 안건은 자신이 직접 처리하겠다는 뜻을 노골적으로 내비친 것이었다. 이런 상황에서라면 사도세자가 오히려 안 미치는 것이 더 이상할 듯싶다.

영조 32년(1756) 2월 16일
왕세자의 비답은 바로 반포치 못하도록 하다
…(전략)… 또 말하기를,
"원량(元良, 세자)이 김상도에게 속임을 당하여 나에게 알리지 않은 채 온화한 비답으로 답하였으니, 차후로는 원량이 비록 하답(下答)하더라도 반포(頒布)하지 말고, 하룻밤 동안 기다렸다가 승지가 가지고 들어와 아뢰도록 하라. 그리고 부름을 명하지 않았을 경우 다음날 아침 상서(上書)의 하답을 가지고 기다린다는 뜻으로 아뢰도록 하라." 하였다.

이런 극심한 스트레스 속에 사도세자는 정신병 증세가 심화되어, 결국 임오화변이라는 비극적인 상황을 맞게 되었다.

통명전

계모가 먼저냐? 조강지처가 먼저냐?

통명전은 대전일까? 중궁전일까?

　보물 제818호인 통명전(通明殿 / 通: 통할 통. 明: 밝을 명. 殿: 전각 전)은 창경궁의 정침(正寢)으로 정면 7칸 측면 4칸의 단층 2익공계 팔작지붕 건물인데, 왕과 왕비의 주 생활공간이었다. 건물의 정면 마당에는 박석을 깔고 1단의 월대를 조성한 뒤, 그 위에 전각을 올렸는데, 용마루가 없는 무량각 지붕이다. 또한 건물의 서쪽에는 연못인 지당(池塘)을 조성하였고 그 위로 돌다리를 놓았다. 건축적인 내용으로 보아 건물의 위상은 창경궁 내 최고의 건물임에는 틀림없는데, 통명전이 대전인지 중궁전인지에 대해서는 의견이 갈리고 있다.

경복궁이나 창덕궁처럼 전각배치상 대전을 앞에 두고, 그 뒤쪽에 중궁전을 배치하는 것을 일반적으로 보았을 때는 환경전이 대전, 통명전이 중궁전이 된다. 한편 환경전에 비해서 규모와 건축적인 내용이 훨씬 크고 고급이기 때문에 통명전을 대전으로 보고, 그 앞의 환경전을 중궁전으로 보는 사람도 있다. 그러나 서궐도안(보물 제1534호)을 통해서, 창경궁과 비슷한 성격의 이궁인 경희궁을 참고한다면, 중궁전(회상전)의 바로 서쪽에 벽파담이라는 연못을 조성한 점이 통명전의 지당과 비슷하며, 건축적인 면에서 통명전의 종도리를 통상적인 방법으로 시공한 것이 아니라, 특이하게도 쌍종도리를 사용한 점 [음양론에서 짝수는 음과 여성을 상징]으로 미루어 보아, 최소한 건축적으로는 여성의 공간임을 은연 중에 나타내고자 한 것으로 볼 수 있다.

1757년 7월 영조실록 기사에는 통명전에서 영조가 내린 어명이 하나 실려 있다.

서궐도안 - 표시된 부분이 벽파담 [문화재청]

통명전

영조 33년(1757) 7월 9일
인원왕후의 우제 축문과 빈전의 다례 축문을 쓰게 하다
임금이 통명전(通明殿) 영외(楹外)에 나아가서 인원왕후(仁元王后)의 우제 축문(虞祭祝文)과 빈전(殯殿)의 다례 축문(茶禮祝文)을 쓰라고 명하였다.

숙종이 무리수를 둬 가며 간택한 인원왕후

영조가 어명을 내린 장소가 통명전의 영외라고 되어 있다. 여기서 영(楹)은 기둥을 뜻하는 한자인데, 무덤의 통로 좌우측에 팔각형의 돌기둥이 한 쌍 세워져 있어서 이 글자를 사용하여 이름을 붙인, 고구려 쌍영총 고분을 사용례로 들 수 있다. 아무튼 영조는 어명을

창경궁 실록으로 읽다
내전 일원

통명전 지당(池塘)

통명전 안에서 내린 것이 아니라, 건물의 기둥 밖으로 나가서 명령을 내린 것을 알 수 있다. 명령의 내용은 인원왕후의 우제에 쓰일 축문과 빈전의 다례, 즉 차례에 쓰일 축문을 미리 쓰라는 것이었다.

차례는 쉽게 알 수 있으나 우제는 무엇일까? 우제는 죽은 사람을 장사를 지낸 뒤 망자의 혼백을 평안하게 하기 위하여 지내는 제사를 뜻하는데, 장사 당일 지내는 초우(初虞)와 그 다음 유일[柔日. =陰日. 그날의 천간이 乙·丁·己·辛·癸]에 지내는 재우(再虞) 그리고 그 다음 강일[剛日. =陽日. 그날의 천간이 甲·丙·戊·庚·壬]에 지내는 삼우(三虞)가 있다. 실제로 인원왕후는 이날로부터 사흘 후인 7월 12일에 명릉[서오릉 내]에 장사지내면서 초우제를 거행했고, 그 다음날인 13일에는 재우제를 거행했다.

영조 33년(1757) 7월 12일
인원왕후를 명릉(明陵)에 장사지내다

영조 33년(1757) 7월 12일
초우제를 더욱 정결하게 준비하도록 명하다

영조 33년(1757) 7월 13일
재우제를 거행하고 혼백을 묻다

그런데 이 인원왕후는 숙종의 제2계비로서 영조에게는 법적으로 어머니다. 숙종은 조선역사상 가장 많은 부인을 거느린 왕이었다. 기록상으로는 중종과 함께 3명의 왕비를 두었으나, 중전자리에서 쫓겨난 장희빈까지 합치면, 실제로는 4명의 왕비를 둔 셈이다. 또한 그 4명의 부인 모두와 함께, 오늘날 서오릉 내에 잠들어 있다. 숙종의 정비(첫번째 부인)는 인경왕후, 제1계비(두번째 부인)은 인현왕후였다. 인원왕후가 제2계비(세번째 부인)가 될 때 약간의 논란이 있었는데, 그 이유는 숙종이 인현왕후의 3년상이 끝나지도 않은 상태에서, 그것도 1년도 채 안된 상태에서 왕비의 간택을 서둘렀다는 점이다. 오죽하면 당시 판윤 이인엽은 예에 어긋나니 너무 서두르지 말라는 상소를 올렸을까! 그랬더니 숙종은 이인엽을 파직시키고 만다.

숙종 28년(1702) 8월 27일
지금 간택을 실행하는 것이 예에 어긋난다고 상소한 판윤 이인엽을 파직 하다

따지고 보면 숙종이 인원왕후의 간택을 서두른 것이 그때가 처음은 아니었다. 정비 인경왕후 김씨가 사망하고, 제1계비 인현왕후 민씨를 들일 때도 역시 1년 만에 새 장가를 들었다. 이때도 당연히 신하들의 반발이 있었지만, 기가 세기로 유명한 숙종의 모후 명성왕후 김씨[조선왕조에서 유일하게 남편(현종)에게 후궁이 한 명도 없게 만들었고, '홍수의 변' 때는 정청에 나가 곡을 한 대비]가 전면에 나서서 일을 처리했기에 가능했다. 그러나 그렇게 무리수를 두면서까지 맞아들인 인원왕후였지만, 정작 후사는 없었다. 또한 왕비로서 눈에 띄는 행보를 보인 것도 거의 없었으며, 실록에 의하면 이런저런 병을 달고 살 정도로 병약했기 때문에 거의 존재감이 없는 왕비였다.

격렬한 당쟁 속에서 연잉군을 구한 인원왕후

하지만 남편인 숙종이 죽고 경종이 즉위하자, 정국이 급변하면서 그녀의 존재감은 급상승하게 되었다. 겨우 34살의 젊은 나이였지만, 왕실의 최고 어른인 왕대비가 된 것이다. 당시 법적인 아들인 경종은 33살이었다. 이때 경종의 왕비였던 선의왕후는 병약한 경종과의 사이에서는 후사의 가능성이 희박하다는 사실을 인지하고, 경종의 9촌 조카를 양자로 들여 후계자로 삼을 계획을 세우는 중이었다. 그런데 이 계획을 눈치 챈 노론은 경악했다. 왜냐하면 선의왕후의 계획에는 전혀 하자가 없었기 때문에 이를 막을 명분도 없었고, 그렇다고 그냥 내버려 두다간 소론 계열의 왕에 이어, 소론 계열의 후계자가 들어서는 것을 무력하게 쳐다만 봐야 했기 때문이었다.

이에 사태의 심각성을 깨닫고 급히 집단행동에 들어갔는데, 새벽 2시에 김창집, 이건명, 민진원 등 거물급 노론 대신 13명이 창경궁 시민당으로 몰려와, 경종에게 어서 빨리 국본(왕의 후계자)을 정하자며 사실상 겁박한 것이다. 이들은 말로 표현하지는 않았지만 노론이 지지하는 경종의 이복동생 연잉군을 염두에 둔 것은 누구나 아는 사실이었다. 새벽에 노론 대신들에게 둘러싸인 경종은 결국 연잉군을 왕세제로 결정했다.

그런데 노론은 그것에 멈추지 않고, 왕실의 최고 어른인 왕대비 인원왕후에게까지 몰려가서 왕세제로 연잉군을 지명하는 서명을 받아냈다. 원래 대비가 왕의 후사를 지명하는 것은 선왕이 후사를 남기지 않고 승하하는 아주 특별한 경우에 한하여, 왕실의 최고 어른 자격으로 실행하는 것이다. 그런데 경종이 멀쩡히 살아있는 데도 대비에게 따로 허락을 받았다는 것은 왕을 완전히 무시한 처사였다. 이런 무리수는 결국 자승자박이 되어, 얼마 뒤 노론이 몰락하는 신임사옥(신임사화)의 발단이 되었다.

어쨌든 인원왕후는 연잉군을 공개적으로 지지했고, 이는 결국 영조의 등극 이후에 편안한 여생을 보장받는 계기가 되었다. 인원왕후는 이때뿐만 아니라 경종시절 연잉군이 위험에 처할 때마다 적극적으로 나서서 보호막이 되어 주거나 위기에서 구해주었다. 따라서 영조에게 인원왕후는 생명의 은인이나 마찬가지였다. 그런 인원왕후가 1757년 3월, 70세를 일기로 사망했다. 그런데 문제는 불과 40일 전에 영조의 조강지처인 정성왕후가 먼저 사망하여 국상이 진행 중이었던 것이다.

영조 33년(1757) 3월 26일
대왕대비 김씨가 영모당에서 승하하다
사시(巳時)에 대왕대비전 김씨가 영모당(永慕堂)에서 승하(昇遐)하였다. 이 당(堂)은 당초에 이름이 없었는데, 임금이 영모당으로 이름을 붙여 효도하는 마음을 간직했다.

영조 33년(1757) 2월 15일
신시에 중궁전 서씨가 관리합에서 승하하다
신시(申時)에 중궁전(中宮殿) 서씨(徐氏)가 관리합(觀理閤)에서 승하(昇遐)하였다.

인원왕후릉이 꿔다 놓은 보릿자루 같은 모양인 이유

　인원왕후는 현재 숙종, 인현왕후와 함께 고양시 용두동 소재 서오릉 경내의 명릉(明陵)에 잠들어 있다. 그런데 인원왕후릉은 숙종과 같은 능역(陵域)에 있기 때문에 비록 명릉(明陵)이라는 같은 능호를 받았지만, 숙종과 인현왕후가 나란히 함께 묻힌 언덕에서, 뒤쪽으로 불과 80여 미터 떨어진 언덕 위에 홀로 독립적으로 조성되어 있다.
　그런데 이상한 것은 인원왕후릉이 숙종왕릉의 오른쪽(서쪽)에 있다는 것이다. 음양오행론에서 죽은 사람의 서열은 서쪽이 더 높다. 그것을 서상제(西上制)라고 한다. 서오릉 내에서 영조의 정비인 정성왕후가 묻힌 홍릉이 오른쪽을 비워둔 우허제(右虛制) 왕릉으로 조성된 이유도 그 빈 자리가 남편인 영조를 위해 비워두었기 때문이다. 우허제 왕릉으로 만들 것을 지시한 사람은 당연히 영조다. 따라서 인

홍릉-우허제 왕릉

명릉도 [국립고궁박물관]

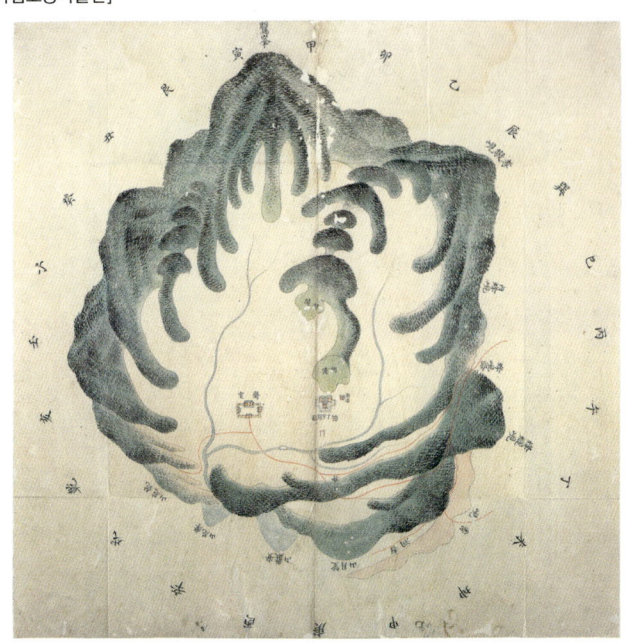

명릉-인원왕후릉과 숙종/인현왕후의 합장릉

원왕후릉의 배치는 조선시대의 관점에서 볼 때 비상식적이다.

영조 33년(1757) 5월 13일
홍릉의 오른쪽에 비어 있는 곳의 정혈을 표시토록 하다
산릉도감에 명하여 홍릉(弘陵)의 오른쪽 비어 있는 곳에 숭릉(崇陵)·명릉(明陵)의 예에 의거하여 조각에 십자(十字) 모형을 새겨 정혈(正穴)에 묻어 표시하게 하였다.

게다가 제례를 올리는 정자각의 위치도 숙종왕릉과 인원왕후릉이 올라가 있는 두 언덕[岡]의 한가운데가 아니라, 숙종왕릉의 바로 정면에 위치하고 있기 때문에, 전체적으로 보자면 숙종왕릉[인현왕후릉 포함]에 인원왕후릉이 마치 셋방 더부살이하는 듯한 옹색한 모양을 하고 있다. 따라서 굳이 따지자면 언덕[岡]이 두 개이므로, 왕릉의 형태상 동원이강릉(同原異岡陵)으로 분류할 수도 있겠지만, 한쪽은 쌍릉이며, 다른 한쪽은 단릉의 구조를 갖고 있기 때문에, 모두 단릉으로만 구성된 다른 동원이강릉과는 분명히 차이가 있다.

그렇다면 인원왕후릉이 이처럼 변형된 형태로 조성된 이유는 무엇일까? 그 답은 같은 서오릉 내의 정성왕후릉(홍릉)이 갖고 있다. 1757년 2월 15일 영조의 정비 정성왕후가 사망하자 바로 국장이 선포되었다. 조선의 국장은 통상적으로 5개월이 소요된다. 그런데 한참 국장이 진행되던 3월 26일 이번에는 대왕대비였던 인원왕후가 사망했다. 원래 인원왕후는 살아있을 때 자신의 왕릉자리를 미리 봐 두었다. 그곳은 숙종과 인현왕후가 함께 묻힌 곳에서 뒤쪽으로 약

300미터 정도 떨어진 곳으로, 숙종왕릉(명릉)과는 완전히 독립된 별개의 왕릉형태였다. 마치 숙종의 정비였던 인경왕후릉(익릉)이 독립된 형태로 된 것과 마찬가지 형태를 원했다.

그러려면 왕릉 하나를 처음부터 끝까지 완벽하게 만들어야 했다. 묘역을 정비하는 것부터 보통 일이 아니다. 산을 통째로 하나를 깎아내야 하며, 그 주변에 접근금지 구역인 화소구역도 수십만 평을 따로 설정해야 한다. 그런데 영조로서는 국장을 동시에 두 개를 치러야 했다. 하나의 국장에도 인력과 경비가 엄청나게 많이 소요되는데, 하물며 두 개를, 그것도 동시에 진행해야 했다. 따라서 영조의 입장에서는 '조강지처'와 '계모'의 국장 중에서 하나를 골라 선택과 집중을 해야만 했다.

전통적인 충효사상의 입장에서 본다면 영조의 선택은 계모(어머니)

익릉-숙종의 정비 인경왕후릉

인 인원왕후릉이 되었어야 했다. 하지만 영조는 홍릉(정성왕후릉)을 선택했다. 그래서 인원왕후릉을 독립된 왕릉으로 만들지 않고, 기존에 있던 명릉의 한쪽 구석에 그냥 더부살이 하듯 덤으로 만든 것이다. 그 이유는 무엇일까? 첫째, 이미 정성왕후릉은 40일 이상 먼저 공사가 진행되고 있었다. 둘째, 우허제(右虛制)로 만들어진 정성왕후릉의 바로 옆 자리는 자신이 묻힐 신후지지(살아 있을 때에 미리 잡아 두는 묏자리)였다. 즉 홍릉은 자신의 무덤자리 이기도 했던 것이다. 셋째, 인원왕후는 영조의 생모가 아닌 법적인 계모다. 결론적으로 영조는 '명분'인 '계모'보다는, '조강지처'와 '자기자신'을 더 중시하는 '실리'를 취한 것으로 볼 수 있다.

양화당

삼전도의 굴욕을 기억하자

병자호란과 삼전도의 굴욕을 속으로 삼킨 양화당

양화당(養和堂 / 養: 기를 양, 和: 조화로울 화, 堂: 집 당)은 통명전을 보조하는 건물이다. 워낙 통명전이 고품격 건물이어서 그런지 보조건물인 양화당도 건물의 격을 살펴보면 예사 건물이 아니다. 철종의 왕비였던 철인왕후가 이 곳에서 승하하신 일도 있어서 대비전 용도로도 사용되었음을 알 수 있다. 그런데 양화당과 관련된 실록기사에는 유독 인조실록의 기사가 많으며, 그 중에서도 절반 이상이 병자호란 및 청나라와 관련된 기록이다. 특히 1637년 1월 30일 기사는 우리 모

양화당

두 꼭 새겨야 하는 내용이다.

인조 15년(1637) 1월 30일
삼전도에서 삼배구고두례를 행하고 창경궁 양화당으로 나아가다

이 날의 기사는 조선왕조 역사상 가장 치욕스런 장면을 자세히 담고 있는데, 바로 병자호란 때 당했던 삼전도(三田渡)의 굴욕이다. 삼전도라고 하면 혹시 섬 이름이 아닌지 궁금해 하는 사람도 있는데, 삼전도의 도(渡)는 섬이 아닌 나루터를 의미한다. 원래 삼전도(三田渡)는 1950년대까지도 서울과 경기도 광주를 잇던 한강상류의 나루터였는데, '삼밭나루'로도 불렀다. 배로 사람이나 짐을 실어 나르는

곳을 뜻하는 순우리말 '나루'를 한자로 쓰면 그 규모에 따라서 작은 것은 도(渡), 진(津)이라고 했고, 좀 큰 것은 포(浦), 그리고 대규모의 '바다 나루'는 항(港)이라고 했다. 지금도 서울 한강에 지명으로 남아 있는 광진(광나루), 동작진(동작나루), 송파진(송파나루), 양화진(양화나루), 노량진(노량나루), 마포, 영등포 등이 그러한 예다. 삼전도와 같이 도(渡)를 사용한 유명한 나루는, 외국과의 교역으로 이름난 고려 개경 인근의 벽란도(碧瀾渡)를 들 수 있다.

조선시대에 한양에서 강원도 쪽으로 가려면 '광진'을 거쳐 가야 했고, 한양에서 여주, 충주를 거쳐 경상도 쪽으로 갈 때는 '삼전도'로, 한양에서 호남 전라 쪽은 '동작진'으로, 그리고 한양에서 강화 쪽은 '양화진'으로 각각 연결이 되었는데, 특히 '삼전도'는 한양에서 경기도 광주의 남한산성에 이르는 길목에 있었기 때문에, 영남 쪽으로 가고자 하는 사람 중에서도 특히 상인들이 주로 이용하였던 교통의 요지였다. 병자호란 당시 삼전도의 치욕을 담은 비석이 오늘날까지도 잠실의 석촌호숫가에 서 있는데, 그 이유는 인조가 농성중이던 남한산성에서 나와 후금에게 항복한 곳이 바로 청태종의 본진이 있던 삼전도였기 때문이다. 이 날의 실록기사를 하나하나 꼼꼼히 읽어보자.

청태종에게 세 번 절하고 아홉 번 머리를 조아린 인조

인조 15년(1637) 1월 30일

삼전도에서 삼배구고두례를 행하고 창경궁 양화당으로 나아가다

청나라 장수 용골대(龍骨大)와 마부대(馬夫大)가 성 밖에 와서 상

(上)의 출성(出城)을 재촉하였다. 상(上)이 남염의(藍染衣) 차림으로 백마를 타고 의장(儀仗)은 모두 제거한 채 시종(侍從) 50여 명을 거느리고 서문(西門)을 통해 성을 나갔는데, 왕세자가 따랐다. 백관으로 뒤쳐진 자는 서문 안에 서서 가슴을 치고 뛰면서 통곡하였다. …(중략)… 상(上)이 단지 삼공 및 판서, 승지 각 5인, 한림(翰林), 주서(注書) 각 1인을 거느렸으며, 세자는 시강원(侍講院), 익위사(翊衛司)의 제관(諸官)을 거느리고 삼전도(三田渡)에 따라 나아갔다. …(후략)…

인조는 청나라에 항복하던 날, 임금의 옷인 곤룡포도 입지 못하고 남색으로 염색한 옷을 입고 나갔다. 일체의 의전이나 의장도 없었고, 일국의 국왕으로서의 위엄은 기대할 수도 없었다. 이때 인조를 따르던 사람은 삼공 즉 삼정승과 육조의 판서, 승지 각 5인, 그리고 한림(翰林)과 주서(注書)인데, 여기서 '주서(注書)'는 승정원에 두었던 정7품 관직으로 국왕의 하루 일과와 지시, 명령, 각 부처의 보고, 각종 국정회의 및 상소 등을 모두 기록한 '승정원일기'를 관장하였고, '한림(翰林)'은 예문관에서 실록의 사초 꾸미는 일을 맡아보던 관직으로 보통 '사관'이라고 불렸다. 따라서 '주서'와 '한림'이 나란히 따라갔다는 것은 국가의 공식 기록담당관이 한자리에 모두 모여 있다는 것을 뜻했고, 그 때문에 우리는 삼전도에서 일어난 일을 상세하게 알 수 있는 것이다.

인조 15년(1637) 1월 30일(계속)

…(중략)… 용골대 등이 인도하여 들어가 단(壇) 아래에 북쪽을 향해 자리를 마련하고 상(上)에게 자리로 나가기를 청하였는데, 청나라 사람을 시켜 여창(臚唱)하게 하였다. <u>상(上)이 세 번 절하고 아홉 번 머리를 조아리는 예를 행하였다.</u> …(중략)…

1637년 1월 30일 인조는 청태종 앞에서 세 번 절하고 아홉 번 머리를 조아렸다. 삼배구고두(三拜九叩頭)… 우리 역사에서 이보다 더 치욕적인 장면이 있을까? 조선이라는 일국의 국왕이, 그것도 평소에는 우리가 그들을 여진족 오랑캐라고 멸시했고, 그들은 우리를 늘 상국(上國)으로 모시던 변방 오랑캐의 왕 앞에서 머리를 조아렸다. 실록에는 간략하게 '상(上)이 세 번 절하고 아홉 번 머리를 조아리는 예를 행하였다'라고 서술하고 있지만, 김훈의 소설 '남한산성'에는 이 부분을 아래와 같이 묘사하고 있는데, 실록보다도 더 현실적이라는 느낌을 받는다.

"일 배요!" 조선 왕이 아홉 개의 층으로 된 단 위를 향해 절했다. …(중략)… 조선 왕은 이마로 땅을 찧었다. 청나라의 사령이 다시 소리쳤다. "이 배요!" 조선 왕이 한 계단씩 오르며 한(汗, 청태종)에게 절을 할 때마다 강화에서 끌려온 사대부 부인들이 손으로 입을 틀어막으며 울음을 참았다. 조선 왕은 칸 앞에 꿇어앉았다.

이때 인조의 이마가 땅에 부딪치는 소리가 청태종의 귀에 들려야 했으며, 예를 마친 인조의 이마에서는 피가 흘렸다는 기록도 있다.

인조 15년(1637) 1월 30일(계속)

…(전략)… 상(上)이 밭 가운데 앉아 진퇴(進退)를 기다렸는데 해 질 무렵이 된 뒤에야 비로소 도성으로 돌아가게 하였다. 왕세자와 빈궁 및 두 대군과 부인은 모두 머물러 두도록 하였는데, 이는 대체로 장차 북쪽으로 데리고 가려는 목적에서였다. …(중략)… 상이 소파진(所波津)을 경유하여 배를 타고 건넜다. 당시 진졸(津卒)은 거의 모두 죽고 빈 배 두 척만이 있었는데, 백관들이 다투어 건너려고 어의(御衣)를 잡아당기기까지 하면서 배에 오르기도 하였다. …(후략)…

삼배구고두례를 마친 후 한참을 기다리던 인조는 해가 질 무렵이 되어서야 한양으로 돌아갈 수 있었지만, 소현세자와 봉림대군은 그대로 남아서 청나라에 볼모로 끌려가게 되는 대목이 보인다. 그런데 소파진 나루터에서 인조가 한강을 건너기 위해 배를 타려는데, 신하들이 단 두 척의 배에 서로 먼저 오르려고 임금의 옷까지 잡아당기는 장면은, 조선이 오랑캐의 말발굽 아래 짓밟힘을 당할 수 밖에 없었던 이유를 단적으로 보여주고 있는 듯하다.

•• 뱀의 발

삼배구고두례(三拜九叩頭禮)는 삼궤구고두례(三跪九叩頭禮)라고도 하는데, 중국 청나라 시대에 황제에게 머리를 조아려 절하는 예법이다. 삼궤구고두례를 행하는 방식은 '궤(跪)'의 명령을 듣고 무릎을 꿇는다. '일고두(一叩頭)', '재고두(再叩頭)', '삼고두(三叩頭)'의 호령에 따라 양 손을 땅에 댄 다음에 이마가 땅에 닿을 듯 머리를 조아리는 행동을 3차례 하고, '기(起)'의 호령에 따라 일어선다. 이와 같은 행동을 3회 반복한다. 청의 가경제 재위당시(1796~1820) 영국 대사 윌리엄 애머스트는 삼배구고두례를 거부하여 가경제의 알현이 허용되지 않았을 뿐만 아니라, 그날로 퇴경당하여 귀국한 일화가 있다.

사실, 청나라는 인조에게 항복 의식으로서 처음에는 반합(飯哈)을 요구했다. 이는 마치 장례를 치르듯 임금의 두 손을 묶은 다음, 죽은 사람처럼 구슬을 입에 물고 빈 관과 함께 항복하는 것이었다. 이것이 항복에 대한 교섭과정을 거치면서 그나마 삼배구고두례가 된 것이다.

삼전도의 굴욕 이후에도 여전히 정신 못 차리는 인조

인조 15년(1637) 1월 30일(계속)

…(전략)… 상이 건넌 뒤에, 한(汗)이 뒤따라 말을 타고 달려와 얕은 여울로 군사들을 건너게 하고, 상전(桑田)에 나아가 진(陣)을 치게 하였다. 그리고 용골대로 하여금 군병을 이끌고 행차를 호위하게 하였는데, 길의 좌우를 끼고 상을 인도하여 갔다. 사로잡힌 자녀들이 바라보고 울부짖으며 모두 말하기를, "우리 임금이시여, 우리 임금이시여. 우리를 버리고 가십니까." 하였는데, 길을 끼고 울며 부르짖는 자가 만 명을 헤아렸다. 인정(人定) 때가 되어서야 비로소 서울에 도달하여 창경궁 양화당(養和堂)으로 나아갔다.

이 대목은 1896년에 발표된 장편소설 '쿠오 바디스(Quo Vadis)'를 생각나게 한다. 이 소설의 제목은 '사도 베드로'가 박해를 피해 로마를 탈출할 때, 로마를 떠나지 말라는 그리스도의 환상을 보고 한 말인 라틴어 '쿠오 바디스 도미네(Quo Vadis, Domine)?'에서 따온 것으로 '주여, 어디로 가시나이까?'라는 뜻이다. 결국 베드로는 로마에서 십자가에 거꾸로 매달려 순교했고, 동시에 수많은 기독교 순교자들이 나왔다.

그와 비슷하게 우리 백성들이 울부짖으면서 인조에게 한 말인 "우리 임금이시여, 우리 임금이시여. 우리를 버리고 가십니까."를 우리는 되새길 필요가 있다. 무능하기 짝이 없는 왕과 정치 권력자들 때문에 병자호란 후 죄 없는 우리 백성들, 특히 여자들[예로부터 남남북녀라고 해서 청나라 군대의 침입경로에 있었던 평안도, 황해도는 미인이 많았다] 수십만 명이 청나라에 볼모로 끌려가서 노예로 살았고, 집안이 부유한 소수의 여자들만이 몸값을 지불하고 난 이후에야 풀려날 수 있었다.

하지만 이때 몸값을 지불하고 풀려난 여자들을 조선에서는 어떻게 대했는가? 대부분이 정조를 더럽힌 여자라는 이유로 받아들이기를 거부했다. 그러면서 그들을 '고향으로 돌아온 여자', 즉 '환향녀(還鄕女)'라고 불렀고, 이는 곧 '화냥년'이라는 욕이 되어 버렸다. 대부분 정조를 잃은 이들은 바로 귀향하지 못하고 청의 사신들이 묵어가던 객관(홍제원)이 있던 서대문 밖에 머물렀는데, 이때 국가에서 해준 조치라고는 겨우 객관 개울에서 목욕을 하면 그것으로 정절을 회복한 것으로 인정해 준다는 말뿐이었다. 그 개울의 이름은 널리 구제했다는 뜻으로 넓을 홍, 구제할 제를 써서 홍제천(弘濟川)이라고 부르게 되었다.

이후 인조는 최소한 청나라와 관련된 부분에 대해서만큼은 제정신이 아니었음을 보여주는 사례가 많다. 훗날 볼모로 끌려갔던 소현세자가 청나라 볼모생활을 끝내고 돌아왔을 때, 건강에 큰 문제가 없었던 세자가 겨우 2달 만에 얼굴이 새까맣게 변해서 죽었는데, 그 이유는 중국에서의 볼모생활 당시 국제정세를 자신의 눈으로 똑똑히 목격한 소현세자가 인조 앞에서 청나라와 서양문물에 호의적인 태도를 보였기 때문인 것으로 알려졌다. 당시의 소현세자 주변에서 발생했던 여러 가지 상황을 종합적으로 분석해보면, 인조가 장남인 소현세자를 독살시켰다는 것이 정설로 받아들여지고 있다. 게다가 인조는 청나라에 굴복한 사실을 가리킬 때 절대 '항복'이라는 말을 쓰지 않고, 단순히 성에서 나온다는 뜻인 하성(下城)이라고 표현했고, 신하들에게도 이를 강요했다.

인조 16년(1638) 7월 22일
주강을 마치고, 수군과 인재 등용에 대해 의논하다
…(전략)… 최명길이 아뢰기를,
"전식(全湜)은 충성스럽고 순후한 자입니다. 성상께서 항복[下城]하였을 초기에 사대부들은 모두 달아나고 흩어졌는데, 전식은 끝까지 남아 있었으므로 영남 사람들이 이의가 없이 모두 와서 공직(供職)하였습니다."…(후략)…

나라를 위해 개인의 명예를 희생한 이경석

한편, 삼전도의 굴욕을 당한 후, 조선 조정은 청으로부터 자신들의 전승기념비를 세우라는 청천 벽력같은 명령을 받았다. 그것도 비문을 직접 조선이 만들고, 청의 승인까지 받으라는 조건이었다. 그 수모와 치욕을 당한 것도 천추의 한으로 남았는데, 그것을 비석에까지 새겨 후손에게 길이길이 남기라니! 그래도 어쩔 수 없었던 인조는 조정에서 글을 잘 쓴다는 몇몇 신하들에게 비문을 지어 올리라는 어명을 내렸다. 어명을 받은 신하들 중 일부는 일부러 글을 치졸하게 쓰는 등의 방법으로 빠져 나갔지만, 당시 학문의 최고권위 기관인 홍문관, 예문관의 제학 벼슬을 하고 있던 이경석의 글이 1차로 채택되었다. 이경석의 초안 역시 사실에 대한 서술위주로 간략하게 되어 있었지만, 청나라에서는 그것을 보완해서 다시 지어 올리라는 명령이 떨어졌다. 이경석은 처음에는 보완하기를 거부했지만, 인조가 조선의 운명이 이경석의 글에 달려 있으니 제발 제대로 보완해달라고 간곡히 부탁하는 바람에, 이경석은 하는 수 없이 초안을 보완하여 비문을 완성했다.

이경석은 그 일로 인해 자신이 글을 배운 것을 크게 한탄하였다고 전해진다. 그렇지만 이경석은 나라를 위해서 역사에 두고두고 남을 그 수치스런 일을 감당한 것이다. 나라를 위하는 이경석의 사람됨은 훗날 또다른 사례에서도 드러났다. 인조의 뒤를 이은 효종이 북벌을 계획했지만, 병자호란 당시 도원수였던 김자점의 밀고로 북벌이 청나라에 알려졌을 때, 청나라에서 파견된 조사관이 임금과 문무백관을 겁박하는 그 앞에서도 '북벌은 효종과는 전혀 상관없고,

삼전도비

모두 영의정인 자신의 책임'이라고 주장해서 스스로 죄를 뒤집어쓰고, '영불서용(永不敍用: 죄를 지어 파면된 관원을 다시 임용하지 아니하던 일)'이라는 처분과 함께 백마산성에 감금되기도 했다.

> 효종 1년(1650) 12월 28일
> 인평대군이 이경석과 조경을 방환하라고 치계하다
> 동지사(冬至使) 인평대군(麟坪大君) 이요(李㴭)가 북경에서 치계하였다.
> "백마산성에 안치한 두 신하 이경석(李景奭)과 조경(趙絅)을 황제가 이미 방환하도록 허락하였는데, 영의정 이경석은 영원히 서용하지 말고 전리에 물러나 살게 하라고 하였습니다."

삼전도비에 대한 우리의 트라우마는 대단했다. 그래서 고종은 1895년 청일 전쟁에서 청나라가 패하여 우리나라에 대한 청의 영향력이 없어지자, 삼전도비를 한강에 수장시켰다. 하지만 일제강점기인 1913년에 일제가 다시 건져내어 세워놓았고, 해방 후 1955년에 당시 문교부는 치욕의 역사물이란 이유로 다시 땅에 매몰시켰다. 그러나 1963년에 대홍수로 인해 다시 비석이 드러났고, 여러 차례 이전을 거듭하다가 송파구 석촌동에 옮겨진 후, 문화재청의 고증을 거쳐 2010년 4월 25일에 비석의 원래 위치인 석촌호수 수중에서 약 30여m 떨어진 송파구 잠실동 석촌호수 서호 언덕으로 옮겨졌다.

영춘헌과 집복헌

정조는 과연 독살되었을까?

후궁들의 처소 영춘헌과 집복헌

영춘헌(迎春軒 / 迎: 맞을 영, 春: 봄 춘, 軒: 집 헌)과 집복헌(集福軒 / 集: 모을 집, 福: 복 복, 軒: 집 헌)은 경춘전, 환경전, 통명전, 양화당과 아울러 내전지역의 건물이다. '헌'이라는 이름에서도 알 수 있듯이 '전, 당'급인 다른 내전 건물들 보다는 건물의 격이 낮은 편이다. 건물의 서열은 전·당·합·각·재·헌·루·정 순이다. 두 건물 모두 행각으로 둘러싸인 ㅁ자 형태로 구성되어 있는데, 동쪽이 영춘헌, 서쪽이 집복헌이다. 붙어있는 건물이 동서로 나란히 배치되어 있다면, 대부분

영춘헌과 집복헌

창경궁 실록으로 읽다
내전 일원

음양론에 의해 동쪽 건물의 서열이 더 높다. 건물의 구조만 보더라도 영춘헌이 조금 더 고급양식을 썼기 때문에, 건물의 서열이 더 높다는 것을 알 수 있다. 영춘헌은 겹처마에 소로를 쓴 집이지만, 집복헌은 홑처마에 소로도 없이 장여도리집으로 만들었다.

집복헌에서는 사도세자와 순조가 태어났는데, 두 사람 모두 왕비가 아닌 후궁에게서 태어났기 때문에, 영춘헌과 집복헌은 후궁들의 처소였을 것으로 추정된다.

영조 11년(1735) 1월 21일
영빈 이씨가 원자를 집복헌에서 탄생하다
영빈이씨(暎嬪李氏)가 원자(元子, 사도세자)를 집복헌(集福軒)에서 탄생하였다. 그때 나라에서 오랫동안 저사(儲嗣)가 없으니 사람들이 모두 근심하고 두려워하였는데, 이 때에 이르러 온 나라에서 기뻐하고 즐거워하였다. …(후략)…

정조 14년(1790) 6월 18일
신시에 수빈 박씨가 원자를 낳다
신시(申時)에 창경궁 집복헌(集福軒)에서 원자(元子, 순조)가 태어났으니, 수빈박씨(綏嬪朴氏)가 낳았다. 이날 새벽에 금림(禁林)에는 붉은 광채가 있어 땅에 내리비쳤고 해가 한낮이 되자 무지개가 태묘(太廟)의 우물 속에서 일어나 오색광채를 이루었다. 백성들은 앞을 다투어 구경하면서 이는 특이한 상서라 하였고 모두들 뛰면서 기뻐하였다.

영춘헌 겹처마

집복헌 홑처마

한편, 영춘헌에서는 정조가 49세의 나이로 승하했다. 그런데 그의 사망과 관련해서 정조독살설이 꽤 논란을 불러일으키고 있다.

정조 24년(1800) 6월 28일
임금이 창경궁의 영춘헌에서 승하하다
이날 유시(酉時)에 상(上)이 창경궁의 영춘헌(迎春軒)에서 승하하였는데 이날 햇빛이 어른거리고 삼각산(三角山)이 울었다. 앞서 양주(楊州)와 장단(長湍) 등 고을에서 한창 잘 자라던 벼포기가 어느 날 갑자기 하얗게 죽어 노인들이 그것을 보고 슬퍼하며 말하기를 '이것은 이른바 거상도(居喪稻, 상복을 입은 벼)이다.' 하였는데, 얼마 안 되어 대상(大喪)이 났다.

정조독살설을 둘러싼 팽팽한 찬반의견

정조독살설이 퍼진 이유에는 몇 가지가 있다. 첫째, 정조는 어의의 본격적인 진찰이 시작된 지 불과 14일 만에 급작스럽게 죽음을 맞게 되었고, 둘째, 당시 어의 중의 하나였던 심인은 정조의 정적이었던 노론의 영수였던 심환지의 인척이었고, 셋째, 남인 정약용이 남긴 기록 중에도 "시상(時相: 심환지)이 역의(逆醫) 심인을 천거하여 독약을 올리게 시켰다."라는 대목이 있고, 넷째, 순조가 즉위한 지 겨우 9일만에 올린 대사간 유한녕의 탄핵 글에서 심환지가 비호하던 어의 심인을 흉적(凶賊)으로 지칭하며 공격했으며, 다섯째, 당시 남인들 사이에서는 이런 정황 때문에 정조가 독살되었다는 견해가 파다하여 순조 즉위년인 1800년 8월에는 실제로 장시경 등이 정조의 독살을 주장하며 원수를 갚겠다고 거병하였다가 실패하고 일족이 처형당한 역모사건까지 있었기 때문이다.

순조 즉위년(1800) 9월 23일
경상감사 김이영이 장시경의 역모를 보고하다
…(전략)… 장시경이 이에 여러 사람들에게 말하기를,「지금 국가에서 어약(御藥)을 과도하게 써서 갑자기 하늘이 무너지는 슬픔을 당하게 되었는데 어린 세자(世子)가 사위(嗣位)하고 노론(老論)이 득세하게 되자 남인(南人)은 남김없이 쫓겨났으며 …(후략)…

하지만 이에 대한 반론도 만만치 않다. 독살설이 충분히 납득될 만한 객관적 증거가 있었다면, 정조의 뒤를 이은 아들 순조가 그에 해당하는 조치를 취할 법도 한데 그런 것이 전혀 없었으며, 혜경궁 홍씨의 한중록에도 그것과 관련된 언급이 한마디도 없었는데, 아울러 최근 발견된 정조와 심환지 사이에 오고 갔던 비밀편지의 내용 속에도 그런 정황이 하나도 발견되지 않았기 때문이다.

또한 통계학을 동원한 객관적인 시각에서 보더라도 정조의 독살설은 부정될 수 있다고 한다. 일단 정조는 일반인들의 상식과는 달리 전혀 단명한 왕이 아니라는 것이다. 물론 조금만이라도 더 오래 살아서 조선을 반석 위에 제대로 올려놓았더라면 하는 아쉬움이 있지만, 정조는 통계적으로 보았을 때, 가장 평균적인 조선 왕의 삶을 살다 간 인물이었다. 조선의 왕은 평균 만 23세에 즉위해서, 평균 재위 기간은 19년 2개월이었고, 평균 수명은 만 46세였다. 그런데 정조는 만 24세에 즉위해서, 24년을 재위하고 만 48세에 사망했기 때문에 너무나도 평균적인 삶을 살았다. 다만 워낙 공부벌레, 일벌레인데다가 엄청난 골초여서 오히려 과로사의 가능성이 더 크다는 설명이다.

춘당지
일원

춘당지

과녁을
못 맞추면
벌주를
마셔라

춘당지를 제대로 보려면 동궐도를 봐라

　내전일원의 뒤편에 있는 창경궁의 후원 쪽으로 가 보면 큰 연못이 있는데 춘당지(春塘池 / 春: 봄 춘, 塘: 못 당, 池: 못 지)다. 현재는 두 개로 나뉘어져 있는데 뒤쪽에 있는 작은 연못이 원래 조선왕조 때부터 있었던 춘당지고, 앞쪽에 있는 큰 연못은 일제강점기때 일제가 창경궁을 유원지로 만들면서 보트놀이를 할 수 있도록 만든 것이다. 동궐도를 보면 앞쪽에 있는 큰 연못 자리는 원래 11개의 논이었다. 그곳은 조선의 임금들이 몸소 쟁기를 잡고 소를 몰면서, 친경(親耕)행사를 벌이던 장소 중의 하나였다.

영조 15년(1739) 2월 9일
춘당대에 나아가 시사하고, 중신을 모화관에 따로 보내어 분시하다
임금이 춘당대(春塘臺)에 나아가 시사(試射)하고 중신(重臣)을 모화관(慕華館)에 따로 보내어 분시(分試)하였다. 대개 친경(親耕)한 뒤에 무사(武士)와 군병(軍兵)을 위로하고 기쁘게 하기 위한 것이었다.

춘당대는 춘당지 옆에 쌓았던 석대(石臺)다. 춘당대로 이름을 고치기 전에는 서총대(瑞葱臺)라고 불렸는데, 현재도 창덕궁 후원에 터는 남아 있지만, 담장설치와 나무식재로 원형을 찾아보기는 어렵다. 하

동궐도 춘당대와 춘당지 [동아대학교박물관]

춘당지-가을풍경

창경궁 실록으로 읽다
춘당지 일원

소(小)춘당지-가을풍경

창경궁 실록으로 읽다
춘당지 일원

지만 동궐도에서는 춘당대와 춘당지를 원형 그대로 확인할 수 있다. 창덕궁 후원의 주합루 앞 부용지 연못가 동쪽에는 영화당 건물이 동향으로 자리 잡고 있는데, 건물 앞쪽에 펼쳐진 넓은 공터가 바로 춘당대다. 1654년(효종 5)에는 임금이 세자에게 농사의 어려움을 보고 깨닫게 하기 위해, 춘당대 곁 논에서 농사를 짓게 하기도 하였다.

효종 5년(1654) 4월 1일
홍명하가 세자 책봉에 대하여 아뢰다
…(전략)… 상(上)이 이르기를,
"세자가 나이가 어려 논란할 수 없으니, 일반적인 규정에 구애되지 말고 반복해서 말하여, 그로 하여금 깨닫도록 하는 것이 좋겠다. 또 세자가 깊숙한 궁궐에서 생장하여 외부 일에 있어서 전혀 아는 것이 없으니, 강학하는 짬에 여염간의 일도 언급해 주면 좋겠다. 나도 궁중에서 세자에게 가끔 춘당대(春塘臺)에 가서 농사짓는 어려움을 보도록 하고 있다." 하였다.
…(후략)…

그런데 춘당대는 창덕궁 후원의 영화당 건물과 매우 관련이 깊다. 오늘날은 궁궐관리의 편리를 위해 창덕궁과 창경궁 사이에 담장을 쌓고 별도로 관리를 하지만, 조선시대에는 창경궁과 창덕궁이 둘이 아닌 하나의 공간이었다. 동궐도를 보기 전에는 대부분의 사람들이 영화당 건물을 창덕궁 후원 부용지 인근의 휴식용 건물 정도로만 알고 있었을 것이다. 그런데 동궐도를 유심히 살펴보면 영화당 건

창덕궁 영화당

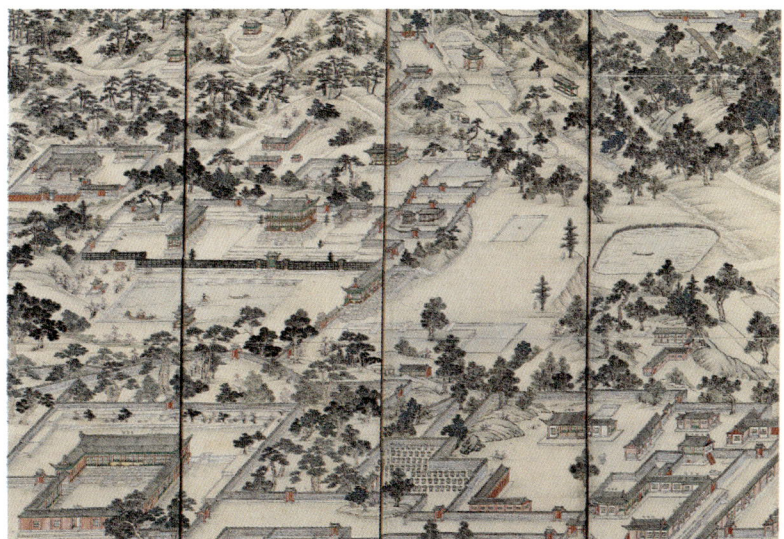

동궐도 영화당과 춘당대, 춘당지 [동아대학교박물관]

물이 창덕궁 영역에 속한 것이 아니라, 오히려 창경궁 영역의 드넓은 춘당대의 핵심 공간임을 알 수 있다. 그 춘당대에서는 수많은 문무과거시험이 치러졌다. 오죽하면 조선시대 나라에 경사가 있을 때, 왕이 춘당대에 친림하여 시행된 특별 과거시험을 춘당대시(春塘臺試)라고까지 했을까!

현종 10년 2월 19일
춘당대 시재(試才)시에 문과시험을
유생들에게도 보게 하자고 청하다

숙종 24년 9월 11일
춘당대시를 행하여 문과와 별시사의 급제자를 뽑다

영조 20년 3월 28일
김재로가 알성과 춘당대시에도
시험관의 밥을 마련케 할 것을 청하다

정조 14년 9월 6일
춘당대에 나가 구일제(九日製)와 한림소시(翰林召試)를 보다

정조 19년 3월 13일
춘당대에 거둥하여 문과·무과의 전시를 행하다

순조 7년 8월 23일
춘당대에 나아가 한림소시를 행하다

철종 11년 7월 21일
춘당대에 나아가 참반한 유무(儒武)에게 응제와 시사를 행하다

고종 1년 4월 23일
춘당대에 거둥하여 임금의 일가 사람인 유생에게 과거를 보이다

문신이라고해서 글공부만 해서는 안된다

춘당지에서 집춘문 쪽으로 가는 오솔길 옆에 있는 관덕정(觀德亭 / 觀: 볼 관, 德: 덕 덕, 亭: 정자 정)은 사정(射亭) 즉 활을 쏘는 정자다. 정면 1칸 측면 1칸에 초익공계 양식의 팔작지붕 정자 건물인데, 정면이 측면에 비해 2배 정도 넓기 때문에, 정면 중앙부분에 간주를 세웠다. 따라서 자칫 정면 칸수를 2칸으로 오해하기 쉽다.

'덕행을 본다'는 뜻의 관덕(觀德)이라는 말은 『예기(禮記)』에서 나온 말이다. 『예기(禮記)』의 사의(射義)편 제2장과 제3장에서 "활을 쏜다는 것으로써 덕(德)이 왕성함을 볼[觀] 수 있다." 또는 "활과 화살을 살펴서 견고히 잡은 연후에야 과녁에 적중할 것을 가히 말할 수 있고, 이것으로써 가히 덕(德)의 행함을 볼[觀] 수 있다."라는 구절에서 관덕이란 말을 발췌했기 때문이다. 그런 이유로 활을 쏘는 정자인 사정(射亭)들 중에서 관덕정(觀德亭)이라는 이름이 많이 보인다. 창경궁뿐만 아니라 대구와 광주에도 관덕정이 있으며, 제주 관덕정은 보물 제

322호다.

　상식적으로 양반은 문관과 무관으로 나뉜다고 알고 있고, 문관은 글공부만을 그리고 무관은 무예만을 갈고 닦는 것으로 아는 경우가 많다. 그러나 그런 생각은 오해다. 흔히 지금은 선비 사(士)자를 글공부하는 선비라고 해석하면서 문신(文臣)을 머릿속에 먼저 떠올리는데, 이는 잘못된 해석이다. 옛날 춘추전국시대의 사(士)는 문무의 구별이 없었고, 그냥 보통 남자를 가리키는 말이었다. 그래서 지금도 전사(戰士), 검투사(劍鬪士), 병사(兵士), 군사(軍士) 등 무(武)에 관련된 단어에도 쓰이고 있다.

　춘추시대 유학의 시조인 공자가 제자들에게 가르쳤던 교육내용인 육예(六藝)를 살펴보면 예(禮), 악(樂), 사(射), 어(御), 서(書), 수(數)로 나뉘지는데, 예는 예법, 악은 음악, 사는 궁술, 어는 마술(馬術), 서는 서도, 수는 수학으로, 이중에서 사(射)와 어(御)는 바로 '말이 끄는 전차를 몰면서 그 위에서 활을 쏘는 것'을 교육시킨 것이다. 우리 조상들은 이런 이유로 해서 비록 양반(문반+무반) 중에서 문관 쪽이라 하더라도 활쏘기 연습은 소홀히 하지 않았다. 성균관 내에 있는 육일각(六一閣)이라는 전각은 성균관내 무기고로서 활과 화살 및 과녁 등을 보관하던 장소인데, 바로 공자의 교육내용인 육예[六] 중에서 하나[一], 즉 활쏘기인 사(射)를 가리키는 말이다. 이는 성균관의 유생들일지라도 활쏘기를 소홀히 해서는 안된다는 것을 말해주고 있다.

영조 19년(1743) 윤4월 7일
육일각을 지어 대사례 활·화살과 제구를 간직케 하다

관덕정

제주 관덕정_보물 제322호 [문화재청]

각(閣)을 지어 대사례 활·화살과 제구(諸具)를 간직케 하라고 명하였다. 그리고 그 각의 이름을 '육일각(六一閣)'이라 했으니, 대개 활쏘기는 육예(六禮)의 하나였기 때문이었다.

중국과 우리나라에서는 예로부터 활쏘기를 무예만이 아닌, 심신 수양의 방법론으로 보았다. 활을 쏘는 예법을 사례(射禮)라고 하고, 종류에는 대사례(大射禮)와 향사례(鄕射禮)의 두 가지가 있는데, 주관하는 곳에 따라 임금이 주관하면 대사례, 대부나 지방관이 주관하면 향사례라고 하였다. 그 중 대사례는 국가에 주요행사가 있을 때 임금과 신하가 한자리에 모여서, 활을 쏘면서 그 예의 정도를 살피던 의례였다. 특히 행사 내용이 제사일 경우, 임금이 성균관에 나아가 석전례(釋奠禮)를 지낸 뒤 신하들과 활쏘기를 했고, 활을 쏘아 과녁을 맞힌 사람은 상으로 제사에 참례시키고, 맞히지 못한 사람은 벌로 제사에 참례시키지 않았다고 한다.

성종 8년(1477) 8월 3일
성균관에 나가 석전을 행하고
명륜당에서 유생을 시험하도록 명하다
···(전략)··· 술이 세 순배 돌자, 대사례(大射禮)를 행하였는데, 헌가(軒架)에서 풍악이 연주되니, 임금이 네 대의 화살[乘矢]을 쏘아 1시(矢)를 맞혔다. 그리고 나서 월산대군(月山大君) 이정(李婷)과 영의정(領議政) 정창손(鄭昌孫) 이하 68인이 차례로 짝을 지어 활을 쏘았는데, 맞힌 자는 상(賞)을 주고, 맞히지 못한 자는 벌

(罰)을 주기를 의식과 같이 하였다. …(후략)…

『논어』에도 바로 이런 장면을 묘사한 대목이 있다. 팔일편 제7장의 내용이다.

子曰 君子 無所爭(자왈 군자 무소쟁)
공자 가라사대[子曰], 군자(君子)는 다투는 바[所爭]가 없으나[無].

必也射乎(필야사호)
(혹 있다면) 반드시[必也] 활쏘기로 다툰다[射乎].

揖讓而升 下而飮(읍양이승 하이음)
(활을 쏘기 전에는)
읍양[揖讓, 예를 다하여 사양하는 겸손한 태도]의 자세로 오르고[而升]
(활을 쏘고 나서 졌을 경우에는) 내려와서[下而] (벌주를) 마신다[飮].

其爭也君子(기쟁야군자)
그러한 다툼[其爭]이 군자(君子)의 다툼이니라[也].

활쏘기와 관련하여 재미있는 말이 '과녁'이다. 옛날에는 화살을 쏠 때 표적판을 가죽으로 만들었다. 그래서 표적에 명중시키면 화살이 가죽을 뚫었다. 그래서 가죽을 뚫는다는 표현인 관혁(貫: 뚫을 관, 革: 가죽 혁)이라는 말이 변하여 오늘날 과녁이 되었다.

사진 협조

국립고궁박물관(www.gogung.go.kr)

- 명릉도 183
- 창경원 내 운동장 모습의 사진 엽서 25

국립문화재연구소(www.nrich.go.kr)

- 조선고적도보_문정전 120
- 조선고적도보_창경궁 홍화문 좌우측 궐의 흔적 29

동아대학교박물관(museum.donga.ac.kr)

- 동궐도(전체) 86, 87
- 동궐도(부분) 85, 154, 165, 209, 215

문화재청(www.cha.go.kr)

- 경모궁지 57
- 서궐도안 68, 175
- 제주 관덕정(보물 제322호) 219
- 함춘문 57

서울역사박물관(www.museum.seoul.kr)

- 서궐도안 동판 68

※ 본 책을 위하여 사진 촬영에 적극 협력해 주시고, 또한 귀한 사진 자료들을 기꺼이 제공해 주신 관계 기관에 진심으로 깊은 감사를 드립니다.